小池陽慈の

現代文読解

が面白いほどできる

基礎ドリル

河合塾講師

小《こ》池《いけ》陽《よう》慈《じ》

KADOKAWA

はじめに

現代文の問題を解くうえでの大原則として、「根拠は本文にある！」「本文に書いてあることを答えれば正解になる！」等の言葉を目にしたり耳にしたりしたことはあると思います。もちろん、それは正しい。僕も、本文から根拠を見つけることの重要性は、授業で何度も強調します。

でも、みなさんの中には、そうした言葉に対してこのように思う人もいるのではないでしょうか？

根拠が大切なことはわかる。でも、肝心のその根拠がどうしても探せないんだよ！

と。そう。問題は、「●段落の▲行目に■■と書いてあるからアが正解」ということではなく、「なぜその問題に答えるうえで、●段落の▲行目に着目すべきなのか」、あるいは「どうすればその問題の根拠が●段落の▲行目にあることに気づけるのか」ということですよね。

本書では、この点にとことんまでこだわりました。

本文の読解や設問の読み取りにおいて、どのようなことを考え、どのように分析していけば「●段落の▲行目」にたどり着くことができるのか――みなさんが実践すべき思考のプロセスを、可能な限り可視化する。それが本書の最大のテーマです。ぜひこの本で脳ミソに汗をかいて、現代文という科目の土台を築いてください！

最後に、本書の執筆にあたり多くのご助言をくださった㈱KADOKAWAの山川徹さん、かけがえのない仲間たち、先輩方、そして多くの示唆を与えてくれたすべての生徒たちに、心からお礼を申し上げたいと思います。

小池　陽慈

もくじ

この本の特長

●「これから入試対策を始めたい」「志望校の過去問を解いたら散々な結果だったのでなんとかしたい」などという人のための、「入試問題が解けるようになる基礎力養成用書き込み式ドリル」です。高3生・浪人生だけでなく、高1・高2生にも十分使えます。
●三つの「章」／15個の「テーマ」の中で、「試験会場で実践できる読み方・解き方のプロセス」をじっくり解説しています。
●別冊に収録されている問題（入試問題からの抜粋）の選定にあたっては、とくに「近年よく出るジャンル」を意識しています。それぞれの問題では「難度（易／やや易／標準／やや難）／解答目標時間／出題校」を示しています。
●本冊の解答・解説は、「テーマ」ごとに以下の要素を収録しています。
●「イントロダクション」➡その「テーマ」で扱う、「精読のための作法」と「設問解法への焦点化」（＝普遍的な解き方）を解説しています。
●「本文解説」➡形式段落のまとまりごとに、記号類を駆使して文と文のつながり、段落間のつながりを意識させたうえで、読み取るべき情報をビジュアル化しています。また、「本文メモ」として文章の要点を箇条書きでまとめています。
●「設問解説」➡「解くコツ」を示しつつ、選択肢ごとの解答根拠を明確に示しています。

●この本は、こんな人が読むのにピッタリです。
●受験勉強を開始したばかりの高3生
●あらためて基礎からやり直したいと考えている浪人生
●学習がある程度進んでいる意欲的な高1生・高2生
●進学校でない高校に通っている［通っていた］高3生・浪人生
●予備校で中～下のクラスを受講している人
●大手模試での「現代文」の偏差値を52～58あたりまで上げたい高3生・浪人生
●志望校別の使い方は、以下のとおりです。
●中堅私立大対策の実践用
例 成成國獨武明学（成蹊・成城・國學院・獨協・武蔵・明治学院）／日東駒専（日本・東洋・駒澤・専修）／産近甲龍（京都産業・近畿・甲南・龍谷）
●上位私立大対策の基礎がため用
例 GMARCH（学習院・明治・青山学院・立教・中央・法政）／関関同立（関西・関西学院・同志社・立命館）
●中堅国公立大対策の実践用
●上位国公立大対策の基礎がため用

この本で使う記号の凡例

記号	例
▼つなぐ言葉	例 調査の結果はこのように出た。逆接 ところが、実験は続行されたのだ。
▼指示語	例 〔言語は各集団によって異なる〕。そしてこうした性質が、文化の多様性を生み出すのだ。
▼注目箇所	例 そのような犯罪を行った人間がいるということは驚きである。しかしとりわけ重要なのは、この事実が世間には隠されていたということだ。
▼キーワード	例 我々の社会を考えていくうえで、近代について考察することは欠かせない。
▼言い換え	例 ついにその事実は、我々の前に示された。●●暴露されたのである。
▼対比	例 近代以降、科学的な知が重要視されてきた。●●●今こそ文学的な知の大切さを知るべきである。●●●●●●●●●●●●●●●●●●●●●●●
▼一般論	例 一般論（これまで人々は、個性を持つことの大切さを唱えてきた。）しかしこれからの世の中においては、他者とどうかかわっていくかということが、より重要なテーマとなるだろう。
▼因果関係など、文章の展開上密接なつながりの確認できる箇所	例 広場はかつて市民が意見を交わすための大切な場であった。●●●●●●●●●●●●●●●●●●●●●●●●●●●●●●●●現代でその役割を担うのは、マスメディアである。
▼難解な語句・表現等を解説下段で説明	例 近代的な価値観の中でも、〈*合理主義ほど後世に影響を及ぼした考え方はない〉だろう。

テーマ1　つなぐ言葉に着目する

▼問題　別冊p4

イントロダクション

つなぐ言葉に着目すると、文章の展開がとらえやすくなる

「現代文の読解力」を身につけるための本書ですが、その**第1章**では「読み方の大原則」を学びます。現代文は、とにもかくにも「その文章を読めたかどうか」を問われる科目なのです。そして、そんな**第1章**の**テーマ1**が、「つなぐ言葉に着目する」。なぜか。それは、つなぐ言葉に着目すると、文章の展開をつかみやすくなるからということになります。

つなぐ言葉の種類

つなぐ言葉の代表格は、いわゆる接続詞です。ただ、じつは文法的には接続詞でなくとも「つなぐ」はたらきをもつ言葉はたくさんあります。本書ではそうしたものも含めて「つなぐ言葉」と呼ぶことにします。そしてつなぐ言葉を学ぶさいにまず大切なことは、「その言葉が読み手にどんな情報を示すのか」ということなのですね。以下、その役割の分類をまとめてみたいと思います。

▼順接……直前までの原因から導き出される結果を述べる。
例　だから、したがって、それゆえ

▼逆接……直前までの前提に反する内容を述べる。
例　しかし、だが、ところが

▼並立・累加……複数の要素を並べたり加えたりする。

とくに、
一般論（世間的な常識）
〈逆接〉
著者の主張
という展開は大切！

▼対比・選択……二つの要素を比べる。
例 そして、かつ、第一に、次に
例 あるいは、または、一方

▼換言……よりわかりやすい言葉などに言い換える。
例 つまり、すなわち、要するに

わざわざ繰り返して言い換えるくらいなので、大切な情報を述べる可能性が高い

▼例示……具体的な例を挙げる。
例 たとえば

▼理由……直前までの内容に対して、その理由を述べる。
例 なぜなら、どうしてかというと

とりわけ、主張に対する理由は大切！

▼補足……直前までの内容で言い足りなかった情報を補う。
例 ただし、もっとも、なお、ちなみに

▼転換……直前までの話題が切り替わることを予告する。
例 さて、では、ところで

新しい話題がどのようなことであるかしっかりとらえよう

▼結論……それまで述べてきた内容をまとめて、結論を述べる。
例 このように、とにかく

当然、大切なことを述べる可能性が高い

めんどうくさいかもしれませんが、「順接」「逆接」等の用語は、きっちりと暗記してください。本書でも多用していくことになりますし、何より、みなさんにとって読解の大きな武器となるものなので。もちろん、そのはたらきも自分の口で正確に説明できるレベルに理解し、覚えておきましょう。

問題解説

本文解説

1・2段落

1 例示 たとえば、ヨチヨチ歩きの頃の自分が、チョウチョを追いかけて草原をうれしそうに歩き回っていたときに、子猫が目の前にひょっこり現れ、お互いにびっくりしてしばし見つめ合っていたが、突然泣き出して、猫もびっくりして逃げていったというエピソードを記憶していたとする。話題の中心 このエピソードを思い出す際に、ヨチヨチぎこちなく歩き回っている自分の愛らしい姿や猫と見つめ合っているときの自分のキョトンとした表情、しばらくして泣き顔に移行するときの表情の変化などについてのイメージが浮かぶとする。（ア）

2 そこまではっきりしたイメージがあるのだから、一般論（ほんとうの記憶だと信じるのがふつうかもしれない）。逆接 だが、ここでちょっと考えてみよう。問い 自分自身のぎこちないヨチヨチ歩きの姿やキョトンとした表情、あるいは泣き顔に移行する表情の変化などは、いったいだれの視点から見られたものなのだろうか。答え 自分自身の視点ではあり得ない。

〈例示〉で示された具体例の話題の中心はどこか?

幼いころの記憶
〈一般論〉ほんとうの記憶
⟷ だが
〈主張〉自分の姿・表情などを見る視点
≠
自分自身の視点

1段落冒頭の例示「たとえば」によって示された具体例について、2段落ではまず、それを「ほんとうの記憶だと信じるのがふつうかもしれない」と述べます。いわゆる一般論（世間的にはそうであると思われているような、常識的な考え方）ですね。

しかしすぐさま「だが」という逆接でその一般論とは反する内容が展開される。すなわちここが、筆者の主張ということになります。

要するに筆者は、幼いころの記憶に出てくる「自分自身」の「姿」や「表情」は、「自分自身の視点」から見られたものではない、ということとを言いたいのですね。ということはつまり、その記憶は「ほんとうの記憶」ではない……？

本文メモ

一般論
・幼いころの記憶＝ほんとうの記憶

⟷

主張
・幼いころの記憶に登場する自分＝自分以外の視点から見られていたもの

↓類推

幼いころの記憶……ほんとうの記憶ではない（？）

3・4段落

3 そうなると（順接）、そのイメージは、自分を観察している他者の視点から構成されていることになる。したがって（順接）、これは、本来自分自身が保持していた記憶ではなく、親などの自分を観察していた他者による語りをもとに再構成された記憶なのではないかと考えざるを得ない。何度も聞いているうちに、そのイメージが定着し、自分自身の記憶と勘違いするほど身近なものとなっていく。

4 こうしてみると（順接）、自分の過去についての記憶には、個人の所有物というよりも、家族などの集団の構成員の共有物といった側面があるのかもしれない。一家団欒《だんらん》の場のような共同想起の場で持ち出され語られた個々の構成員の想起内容が、その場に居合わせた人たちの間で共有され、いつのまにか個々の構成員に自分自身が直接経験したものとして取り入れられ、その後の各個人の想起を方向づける。家族のような一体感を強く持ちがちな集団では、こうしたこ

記憶……他者の視点から構成
← 自分自身の記憶と勘違い

自分の過去の記憶
＝ 他者との共有物
← 自分の経験と錯覚

とが頻繁に起こっていると推測される。

3段落冒頭の「そうなると」は、順接すなわち直前までの原因から導き出される結果を述べる「つなぐ言葉」です。よって、この段落には**1**・**2**段落までの〈幼いころの記憶に登場する自分は自分以外の視点から見られたものなのだから、それはほんとうの記憶ではないかもしれない……〉という内容から導き出される結果が述べられているはず。それがもちろん、〈自分の記憶＝他者の視点から構成されたもの・他者による語りをもとに再構成されたもの〉という考え方になります。

さらに**4**段落冒頭の「こうしてみると」も、順接の言葉。ここまでの分析からさらに導き出せる結果として、筆者は「自分の過去についての記憶」は「家族などの集団の構成員の共有物」であると主張します。そしてそれが「自分自身が直接経験したもの」と錯覚されていく、と。**2**段落で類推したとおり、〈幼いころの記憶⬇ほんとうの記憶ではない〉というわけですね。

本文メモ

● 〈そうなると〉幼いころの記憶
＝
他者による語りをもとに再構成されたもの
⬅
家族などの集団の構成員の共有物を、自分自身の経験であると錯覚したもの

5～7段落

5 でも［逆接］、そうだからといって、その種の記憶に価値がないわけではない。イ問題なのは、本人が自分のエピソードとして保持しているということである。ほんとうに自分が体験し直接記憶しているものでなくてもかまわないし、さらには［並立・累加］実際にそんなエピソードがじつは存在しなかったということでもかまわない。本人が、とくにそのエピソードを自分のエピソードと信じ込み、記憶しているということが重要なのだ。

〈問題＝重要〉と言い換えている以上、ここでの「問題」は、否定的な意味ではない！

6 ライフ・スタイルというものを重視する個人心理学を提唱したアドラーは、人が自分自

なぜ？

身と人生に与える意味を的確に理解するための最大の助けとなるのは記憶だという。記憶というのは、どんなささいなことがらと思われるものであっても、本人にとって何か記憶する価値のあるものなのである。自分にまつわるエピソードが想起され、語られるとき、重要なのは、エピソードそのものの事実性ではなく、そのエピソードがとくに記憶され、想起され、語られたということなのだ。

7 自分のものとして語られるエピソードには、本人の自己観や世界観が縮約されている。本人が、そのエピソードが自分の人生の流れにおいて重要な位置を占め、人生の意味を暗示していると信じているからこそ、わざわざ記憶されたり、想起されたり、語られたりするのだ。

自分自身と人生に与える意味を理解できるから！

まとめ
自分のものではない記憶を自分の記憶として保持すること
↓大切!!
〈理由〉人生の意味を示してくれるから

5段落冒頭「でも」は逆接で、直前までの前提に反する内容を述べるはたらきをします。ゆえに、ここで本文の内容が大きく展開することになります。すなわち、「その種の記憶」、つまり直前までに述べられていた〈他者による語りをもとに再構成された〉ような記憶を「自分のエピソードとして保持している」ことが「重要」である、と。そしてその理由は、アドラーの引用をへて、**6**〜**7**段落で、そうした記憶こそが「人生の意味を暗示している」からだと説明されていますね。

本文メモ
- 主張　（でも）他者による語りをもとに再構成された記憶を自分のエピソードとして保持していることは重要
- 理由　そうした記憶が人生の意味を暗示してくれるから

8〜10段落

8 そうしたエピソードを素材として散りばめて綴《つづ》られる自己物語は、それが事実かどうかを糾弾される必要はない。説得力ある文脈の流れをもち、現実の出来事や自己の経験を意味のあ

人生の意味を教えてくれる、他者による語りをもとに再構築された記憶
＝
自己物語

る形で解釈する力を与えてくれればよいのである。現実に起こった出来事を忠実に反映している必要もないし、そもそも親をはじめとする身近な人たちとの語りの場で創作されたものがその中核をなしているものだ。事実かどうかは問題ではない。

（事実かどうかはどうでもいい ← 出来事や経験に意味を与えてくれればよい!!）

9 精神分析家スペンスは、物語を重視する立場から精神分析について考察しているが、その中で歴史的事実と物語的真実の区別を強調している。その区別に即して言えば、自己物語にとって重要なのは、歴史的事実性ではなくて、物語的真実性なのである。

（順接的な表現　本文……心理療法を用いてクライエントを援助する方法について論じていた!!）

10 スペンスも指摘するように、心理療法家は、相談に訪れたクライエントを援助するために過去の葛藤の歴史的事実を見抜く必要はない。重要なのは、クライエントの語りにあらわれる物語的真実のほうだ。そして（並立・累加）、心理療法家は、クライエントが自分自身の過去の物語を〈*より矛盾のない一貫したものへと語り直していく〉のを促進することによって、クライエントを援助することができるのだ。たとえその改訂された自己物語が歴史的事実に厳密に一致しなくてもかまわない。本人が納得できる物語であり、社会的にも受け入れられる物語であればよいのである。もちろん（補足）、本人が生きる勇気を汲《く》み取ることができるような物語であるのが望ましい。

※すなわち、"意味を与える"ということ!!

直前までに語られてきた、〈人生の意味を暗示してくれる、他者による語りをもとに再構成され、自分のエピソードとして保持されている記憶〉を「自己物語」という言葉に端的にまとめたうえで、この文脈でも筆者は、そのような記憶が「事実かどうかは問題ではない」ということを強調します。それが、「現実の出来事や自己の経験を意味のある形で解釈する力を与えてくれれば」それでよい、というわけですね。

9段落以降でも、スペンスの考え方を参照しながら、基本的には同じことを反復しています。

ただ、そのような「自己物語」が「心理療法」において必要とされていること、したがって、「本人が生きる勇気を汲み取ることができるような物語であるのが望ましい」点が補足されているということになります。

本文メモ

●他者による語りをもとに再構成され、自分のエピソードとして保持されている記憶

＝

●自己物語

……現実の出来事や自己の経験を意味のある形で解釈する力を与えてくれる⬇心理療法で用いる

……事実であるかどうかは問題ではないが、本人が生きる勇気を汲み取ることができるような物語であることが望ましい

設問解説

問1　この設問の要求は、〝「記憶」にはどのような「役割」があるのかを本文から読み取って、それが説明されている選択肢を選んでくださいね〟ということです。5～7段落の本文メモで見たとおり、「記憶」はじつは「他者による語りをもとに再構成されたもの」なのですが、しかし「そうした記憶が人生の意味を暗示してくれる」以上、それは「重要」なものであるといえるわけです。つまり、「記憶」の「役割」とは、まさに「人生の意味」を教えてくれることにあるということになります。

解くコツ

選択肢問題は、まずは自分なりに解答を予測して、その要素が含まれるものだけに絞り込む。

● A　子どもの頃の自分について良いイメージを持つことができる。

⇩解答要素〈人生の意味を教えてくれる〉という点について述べられていないわけではありませんが、それを「子どもの頃の自分」に限定してしまっている点が不適です。

● B　過去の自分が実際に何を経験していたのかを理解できる。

⇩解答要素〈人生の意味を教えてくれる〉という点についていっさい述べられていないので、不適です。

● C　自分が家族からどう思われていたのかを知る手がかりになる。

⇩解答要素〈人生の意味を教えてくれる〉という点についていっさい述べられていないので、不適です。

● D　自分自身や自分の人生について意味のある解釈ができる。

⇩解答要素〈人生の意味を教えてくれる〉という点について言及できています。また、「自分自身」について〈意味のある解釈ができる〉という点についても**6**段落冒頭の一文に「人が自分自身と人生に与える意味を……」とあるので、問題ありません。これが正解となります。

● E　自分の記憶が他人の影響を受けた想像に過ぎないことがわかる。

⇩解答要素〈人生の意味を教えてくれる〉という点についていっさい述べられていないので、不適です。

問2　この設問は、傍線部イについて、「どのような意味か」と問うています。つまり、設問の要求は、〝傍線部「問題なのは、本人が自分のエピソードとして保持しているということである」をわかりやすく言い換えた選択肢を選んでね〟ということです。

そして**5**～**7**段落の**本文解説**や本文メモで見たとおり、ここでの「問題」は、「重要」という意味でした。最低限、この程度のことは確認してから選択肢に進みましょう。

解くコツ
選択肢問題は、まずは自分なりに解答を予測して、その要素が含まれるものだけに絞り込む。

● A　自分にとって価値あるエピソードを、自分に起きたものとして記憶するのは、自己物語の構成において意義あることである。

⇩傍線部の「問題」を、「意義あること」、すなわち「重要」であると解釈できています。また、そうした記憶の形成が「自己物語」とまとめられることも、**8**～**10**段落の本文メモで確認しましたね。これが正解です。

● B　他人の語りから創作されたイメージを、自分に起きたエピソードとして理解するのは、自分の人生を意味づけるうえで危険でもある。

⇩傍線部の「問題」を「危険」と誤読してしまっています。

● C　家族と共有するエピソードを自分の記憶として保持することは、家族と一体感をもてるという重要な役割がある。

⇩傍線部の「問題」を、「重要」と解釈できていますが、記憶の役割が「家族と一体感をもてる」ということでないことは、問1の解説でも確認しました。

● D　他者の視点から構成されたイメージを、自分が実際に体験したものと考えることは、自己観の真実性という点で問題がある。

⇩傍線部の「問題」を、否定的な意味で解釈してしまっています。

● E　ほかの構成員が保持していた記憶なのに、それを自分の記憶だと信じることは、自分の過去に対する誤った解釈をもたらす。

⇩傍線部の「問題」を、否定的な意味で解釈してしまっています。

解答　問1　D　問2　A

テーマ 2

指示語に着目する

▼問題　別冊p.8

イントロダクション

指示語をないがしろにすると、文章の展開がとらえられない

前回学習したつなぐ言葉とともに、もう一つ、文章の展開を正確に読むうえで重要になってくるのが、指示語を正確に押さえることです。指示語とは、「これ」「それ」「あれ」「どれ」のような、いわゆる〈こそあど言葉〉と呼ばれるもののことです。

指示語の使われ方

簡単に言えば指示語とは、（基本的に）前に述べられている情報を指し示す言葉。つまり指示語を押さえるとは、その指示語が何を指しているかをしっかりと確認する、ということを意味するわけですね。「店にはリンゴが売られていた。私はそれを買った。」という文章中の「それ」が「店」を指すと勘違いしてしまったら、文章の意味はめちゃくちゃになってしまうのです。

例1

〔受験勉強はかなりつらかった〕が、この経験が私を成長させた。

⬇この（経験）＝つらかった受験勉強の（経験）

「こ」系
⬇これ・この・ここ・こんな・こう、など

例2

〔友だちを大切にする心〕、僕は**それ**を大切にしたい。

➡それ＝友だちを大切にする心

「そ」系
➡それ・その・そこ・そんな・そう、など

例3

〔僕が怪我《けが》をした公園〕が見えてきた。**あそこ**にはもう行きたくない。

➡あそこ＝僕が怪我をした公園

「あ」系
➡あれ・あの・あそこ・あんな・ああ、など

＊「こ」系・「そ」系・「あ」系の意味や役割の違いについては、基礎的な学習の段階ではこだわらなくて大丈夫です。

例4

メニューには〔様々な料理〕が載っている。**どれ**を頼もうか。

➡どれ＝メニューに載っている様々な料理のうちの一つ

「ど」系
➡どれ・どの・どこ・どんな・どう、など

例5

こんな話を聞いたことがある。〔ある日彼が散歩していたところ…〕

➡こんな（話）＝「彼」の体験談

後ろに指す内容がくることもある!!

指示語が指しているもの（＝指示内容）は、その指示語を含む一文から考えるとわかりやすくなることがあります。例えば、「僕はあれを食べたい。」とあったら、「あれ」は間違いなく〈食べるもの〉ですよね。

ですから前の文章（時には後の文章）から、〈食べるもの〉を探す。この観点はかなり大切になるので、しっかりと覚えておきましょう。

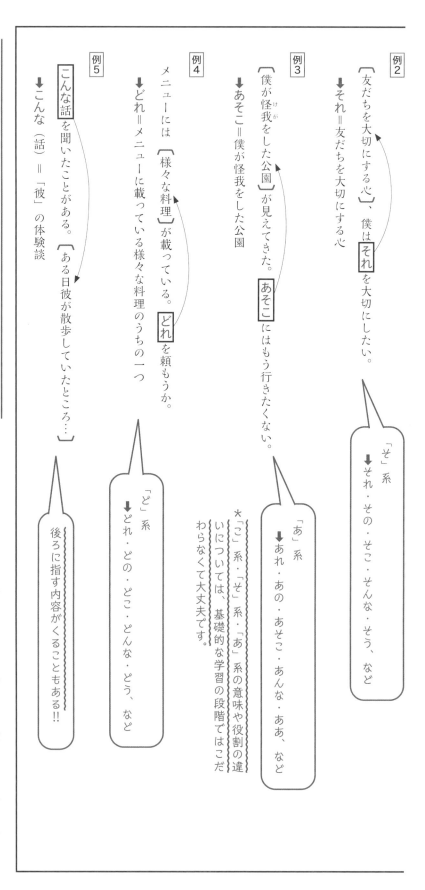

問題解説

本文解説

1段落

1 人は何のために生きるのかという問いが、多くの人の心を支配するものとして大きくクローズアップされてくる背景には、その社会に共通したある気分が関係している。その気分とは、換言 ひとことで言うなら、ある全体的な目的を達成してしまって、次の目的がまだ見つからないような時代に訪れてくる空虚感である。そして 並立・累加、近代化を果たして豊かな成熟社会を迎え、不況と停滞に陥っている今の日本は、まさにそういう気分に染まっている時代だと言える。

〝人は何のために生きるのか〟という問い
〈背景〉目的を達成し、次の目的が見つからない空虚感
← 豊かな成熟社会を達成した今の日本が、まさに!!

「人は何のために生きるのかという問い」が流行《はや》る「背景」に、筆者は、「ある全体的な目的を達成してしまって、次の目的がまだ見つからないような時代に訪れてくる空虚感」というものを考えています。そしてまさに日本は、「豊かな成熟社会」という「目的」を「達成」した結果、そうした「空虚感」に染まってしまっている、と。

本文メモ

日本
- 豊かな成熟社会という目的を達成

↓
- 全体的な目的を達成してしまって、次の目的がまだ見つからないことから生じる空虚感

↓
- 「人は何のために生きるのかという問い」の流行

2・3段落

2 〈意味や目的をことさら問わずにはいられない時代というのは、その底流のところに、じつは自分たちの生きる意味や目的が感じられない空虚な気分が流れていることを示している。〉**したがって**（順接）、〔人生の意味や目的について一般的・哲学的に考えようとすること〕は、それだけを取り出してみればいかにも高尚な、推奨されるべき営みのように思えるが、私の考えでは、**それ**は必ずしもただ単純に、だれもが、どんな社会でも取り組まなくてはならない営みとは言えないのである。

3 **というのも**（理由）、〔大多数の人間がそういう空虚感を抱くいとまなどのない、（例）建設的な活気のあふれた社会や、（例）差し迫った社会的政治的問題（明瞭な貧困や抑圧や差別や秩序の混乱）の解決を迫られている社会、**また逆に**（対比・選択）、意味や目的を問う必要性を感じさせないような、（例）安らかな秩序のうちにじっとまどろんでいる社会〕というのもあるからだ。**こういう社会**では、「人は何のために生きるのか」といった問いは必ずしも切実感を持たない。

1段落の繰り返し

〈根拠〉＝

〈結論〉← 人生の意味や目的を問うことは、どんな社会でもやらねばならないわけではない

〈理由〉
空虚感を抱くいとまのない社会
&
目的を問う必要性がない社会
↓ “生きる目的・意味”という問いが切実感を持たない

2段落冒頭の一文は、〈「何のため」が問われる社会は、その背景に、次の目的が見つからない空虚感がある〉という**1**段落の内容を反復しています。そして順接「したがって」以降で、「人生の意味や目的について一般的・哲学的に考えようとすること」は、すべての人間や社会が取り組まねばならないわけではないと主張します。さらに**3**段落冒頭「というのも」以下において、そのさらなる理由が述べられる。つまり、〈「こういう社会」＝空虚感を抱くいとまがないか、目的を問う必要性の

本文メモ

- 人生の意味や目的について考えることは、すべての人間や社会が取り組まねばならないわけではない

理由 空虚感を抱くいとまがない社会もある……例 活気あふれる社会／社会的政治的問題の解決が必要な社会
&

ない社会〉においては、そのような問い自体が「切実感を持たない」、と。

目的を問う必要性がない社会もある

……例 安らかな秩序にまどろむ社会

⬇これらの社会では目的をめぐる問いは切実感を持たないから！

4・5段落

4 換言 つまり、人生の意味や目的について一般的・哲学的に考えようとすることは、私たちの時代や社会がそれを否応《いやおう》なく要求しているという必然性に照らしてこそ、大きな意味のある営みであるということになる。

5 このことをよく自覚しておくことは大切である。理由 なぜなら、思想や哲学や倫理学は知的な遊戯ではなく（そういうことにわざと限定して思索を表現している人もいるが、それは思想や哲学というものの意味を根本的に見誤っている）、私たちがどんな現実を生き、どんな困難にぶつかっているかということとの相関関係をとおして初めてその存在理由を与えられるからである。

人生の意味や目的を考えることが意味を持つ条件
＝
時代や社会がそれを要求

← このことを自覚せよ!!

〈理由〉

思想・哲学・倫理学

……私たちの現実と関係して初めて存在理由を持つ

4段落冒頭「つまり」はつなぐ言葉ですが、ここではむしろ、これまでの分析を経ての結論、主張を導く働きをしています。筆者は、〈人生の目的を考えることは、時代や社会の要求があって意義を持つ〉と言いたかったのですね。続く**5**段落ではさらに、〈「思想や哲学や倫理学」は我々の現実としっかり関係してこそ存在意義がある〉と付け足しています。要するに、〈思想や哲学や倫理学は我々の現実と向き合っていればこそ存在価値があるのであり、したがって人生の目的を考えることも、時代や社会がそれを要求することで初めて意義を持つ〉というのが、この文章前半の主張であったわけですね。

6～9段落

6 転換 さて、では 問い「意味」とか「目的」とか「～のために」とかいう観念が、必要なものとして意識に呼び起こされるのは、本来どういう生活場面においてだろうか。

7 このことは、逆に、どういう場面において「無意味」や「無目的」が意識されるかを考えてみるとわかりやすい。というのも、普通私たちは、日常の行動や表現において、それらの意味や目的をいちいち問うことなく、自明なものとして承認しながら行動したり表現したりしているからである。

8 私たちは、例示 たとえば、魚の住むはずのないドブ川に釣糸《つりいと》をずっと垂れて、魚が引っ掛かるのを待ち続けている人を見かけたら、そんなことは無意味だからやめなさいと言ってやりたくなるだろう。また、ある人と喫茶店で待ち合わせしていたのに、その人から急用ができて行けなくなったと連絡が入ったら、自分がそこにいる目的は失われ、これ以上待つことは意味がないと知らされる。さらに、たとえば、ある議題をめぐって議論しているうち、論点の対立が

新たな話題 ＝ 意味や目的が必要であると意識される生活場面とは？

ある行動＝ドブ川に釣り糸を垂れる

つながらない!! ←

他の行動＝魚が釣れる

↓ある行動＝無意識・無目的

本文メモ

- 思想や哲学や倫理学は、我々の現実と向き合っていればこそ存在価値がある

↑

- 人生の目的を考えることも、時代や社会がそれを要求することで初めて意義を持つ

非常に狭い枝葉末節に入り込んでしまったのに、それでも双方が譲らずに口角泡を飛ばして議論し続けているような時、そんな議論は無意味だからやめようとだれかが提案する。

9 結論 このように、〈人は、ある行動や表現が、他の行動や表現との間の本来あるべき関連性を失ってそれだけとして浮き上がる時、「無意味」とか「無目的」を意識する。〉答え ある行動や表現が意味や目的を持つとは、さしあたり、それらが他の行動や表現に従属するような関連を維持しているという以上のことを意味してはいない。しかしその場合、他の行動や表現は、また別の行動や表現に従属する形で関連を持ち、それらは結局、自分自身の生の充足それ自体という究極目的に帰着するような連鎖構造を形作っている。

6段落冒頭の転換の「さて」以降、〈人が「目的」を「必要なもの」として意識するのはどのような「生活場面」においてか〉という話題が新たに始まります。そしてあれこれと分析した後、**9**段落で、「それら（＝ある行動や表現）が他の行動や表現に従属する」場面であると、問いに対するひとまずの答えを示しています。ここはかなり難しい表現ですが、**8**段落の具体例を参照すると理解はできるはず。例えば釣りの話なら、〈ドブ川で釣り糸を垂れる⬇釣れるわけがない＝釣り糸を垂れるという行動が、釣れるという行動と関連していない⬇無意味・無目的〉と判断されるが、逆に〈きれいな川で釣り糸を垂れる⬇釣れる＝釣り糸を垂れるという行動が、釣れるという行動に関連している⬇意味や目的を持つ〉ということですね。そしてこの〈ある行動や表現が他の行動や表現に従属する場面において、その行動には意味や目的が意識される〉というあり方は、最終的に「自分自身の生の充足」という「究極目的」につながってゆくと主張されます。ここは飛躍のある箇所ですが、そんなものか、と納得しておきましょう。

本文メモ

- 意味や目的を必要と感じる生活場面

＝

- ある行動や表現が他の行動や表現に従属する場面

10〜13段落

10 [a]、これらの行動や表現に意味が感じられるか感じられないかの区別の意識は、それらが比較的短時間、短距離の範囲に枠づけられていて、それ自体としては断片的で瑣末《さまつ》な行動や表現である場合ほど、顕著に、明確に現れやすい。

→ 行動が断片的で瑣末だと意味が感じられるのか、感じられないのか……？

11 [b]、（例）何時何分のバスに乗り遅れまいと思ってバス停に急いでいる時、そのバスが自分のかたわらをとおり過ぎてしまえば、急いでいる自分の行動の意味は一挙に失われる。こういう場合の「意味」や「無意味」は非常にくっきりとした輪郭を持ったものとして意識される。バスに乗り遅れるなどということは、長い人生から見ればたいしたことではない（という反省があとからは可能である）にもかかわらず、現にその枠に規定されて行動している自分にとってはほとんど絶対的な目的意識あるいは目的感情を伴っている。

→ 目先の行動⬇目的意識が強く感じられる

12 [c]、（例示）たとえば、（例）二年先の大学合格を目指して受験勉強に励んでいるような場合は、なるほど観念のうえではその行動の目的は明瞭だが、あまりに先のことであるために、しばしばその目的意識あるいは目的感情は、頼りないおぼろげなものになりがちである。自分は本当にこの大学に行きたいのだろうか、大学に行って何をしようとしているのだろうかなどという疑念が頭をもたげてくるのを抑えることができない。

→ あまりに先のこと⬇目的意識は強く持てない

13 （問い）このことは何を示しているだろうか。（答え）もともと意味や目的の意識というのは、生物体としての人間にとって、ごく目先の行動を遂行してゆくプロセスにつきまとう意識だったということをあらわしてはいないだろうか。そのかぎりでは、猿が枝の先にぶら下がるリンゴを

→ 主張!!
目的意識……目先の行動につきまとう意識
※猿と同じ!!

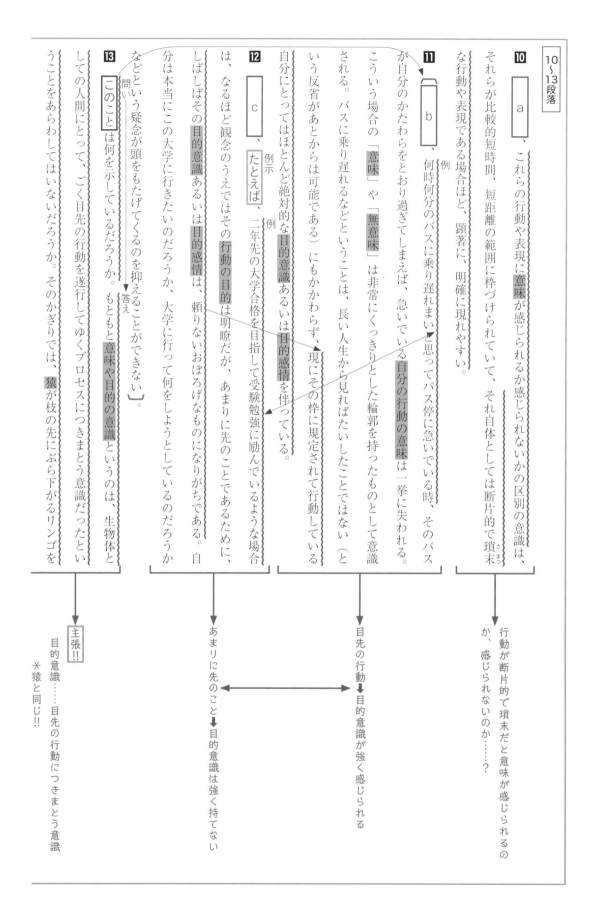

ほしいと思った時にいろいろな行動を取ろうとして、それらの行動に「意味」を見出《みい》だしているのとほとんど変わらない。

具体例を通じた分析を経て、筆者は、〈「意味や目的」は「ごく目先の行動」につきまとう意識〉であることを主張します。しかもそれを、猿の行動と重なるものとして。筆者は、「意味や目的」を問うことのある種のバカバカしさを、それとなくほのめかしているのかもしれません。それを踏まえて冒頭段落に戻るなら、この文章の最も大きな主張は、〈人は何のために生きるのかという問い」に対する批判〉であると推測することもできるのですね。

本文メモ

主張

- 意味や目的は、ごく目先の行動につきまとう意識⬇そのあり方は、猿とほとんど同じ!

⬇類推

〈本文全体の主張〉

＝人は何のために生きるのかという問いへの批判

設問解説

問1 この設問の要求は、〝「こういう社会」では「人は何のために生きるのか」といった問いが切実感を持たないことの理由を分析し、その説明として誤ったものを選んでください〟ということです。まず、傍線部中の「こういう社会」は、活気あふれる社会・社会的政治的問題の解決が必要な社会・安らかな秩序にまどろむ社会、を指しています。そしてこうした社会においては「何のために生きるのか」を問う必要がありません。一方、**1**段落にあるように、「今の日本」はそれを問うことが流行っています。その理由は、「近代化を果たして豊かな成熟社会を迎え」るという「目的」を果たしてしまったからです。

解くコツ

傍線部中に指示語がある場合には、指示内容を必ず確認する。

● A 内戦や紛争により、身の安全を守ることで精一杯だから。

⬇「社会」の具体的ありようの一つ、〈社会的政治的問題の解決が必要な社会〉についてきちんと述べています。

● B　伝統的な社会秩序が守られ、人々が安心して暮らせるから。

⇩「社会」の具体的ありようの一つ、〈安らかな秩序にまどろむ社会〉についてきちんと述べています。

● C　物質的に豊かな暮らしが人々にとって当然になったから。

⇩これは、「社会」とは正反対の「今の日本」の特徴です。よってこれが「筆者の考えに即していないもの」、すなわち正解となります。

● D　飢餓に苦しみ、食料を確保することすら容易でないから。

⇩「社会」の具体的ありようの一つ、〈社会的政治的問題の解決が必要な社会〉についてきちんと述べています。

● E　暴動や略奪が日常化し、毎日の生活が混乱しているから。

⇩「社会」の具体的ありようの一つ、〈社会的政治的問題の解決が必要な社会〉についてきちんと述べています。

問2　空欄に入るつなぐ言葉の組み合わせとして適切なものを選ぶ問題です。

［ c ］の前の段落＝近未来の行動、［ c ］を含む段落＝「あまりに先のこと」、という正反対の関係性から、［ c ］で対立関係を想定しているB・C・Dが候補になります。

そして［ b ］を含む段落は、直前までの内容に対して「バス」という具体例を用いた説明になっているので、［ b ］には例示の「たとえば」が入ります。結果、Dが正解。

Dの a は転換「ところで」になっていますが、直前までの話題と［ a ］以降の話題は変わっていますので、ここも問題はありません。

解くコツ

つなぐ言葉の空欄補充は、空欄前後の話題の関係性を分析する。

解答　**問1**　C　**問2**　D

テーマ3　一般論と主張の関係とは

▼問題　別冊p12

イントロダクション

〈一般論〉とは何か

例えば〈ちいさな子どもには優しくしなければならない〉というような考え方に異を唱える人は、そんなにたくさんはいないでしょう。このように、何らかの問題やテーマに対して、世間一般の人々がおおむね共有しているような考え方というものがあります。もちろんこうした考え方のことを、〈常識〉、〈社会通念〉、あるいは〈一般論〉などと呼ぶわけですね。

〈一般論／主張〉

ここで考えたいのは、筆者が何かしらのことを訴えたいと思って書いた評論文と呼ばれる文章において、そうした筆者の言いたいこと、すなわち〈主張〉は、上で説明した〈一般論〉と反対の関係になることが多いということです。というのも、世間一般の人間がすでに共有しているような考え方であれば、いちいちそれを唱えるまでもないからですね。

例1

一般論
（これまで人々は、風邪をひいたら風呂には入るべきではないと考えていた。）
→ 筆者以外の「人々」が考えていたこと。＝一般論

逆接
けれども

彼は、むしろ風呂に入ることが治療の一環になると唱えたのである。
→ この文脈で筆者が強調したいこと。

例2

一般論
（確かに科学的な考え方は大切なのだろう。）

逆接
しかしながら 文学の重要性を忘れてはならない。
主張

譲歩＝の言葉
ひとまず相手の意見を認めること
一般論

筆者はこの「文学の重要性」を主張したくてこの文章を書いている！

例3

一般論
（言葉は単なる意思伝達の道具であると考えられがちである。）

対比
これに対して
世界を意味づけるための道具として言語を考えた人間がいた。

一般的にはそう考えられることが多いという意味の表現

筆者が強く紹介したいのはこっち！

このように、本文中に現れる〈一般論〉は、〈主張〉やその文脈で強調したい話題との対比という構成をとることが非常に多いのですね。そしてその対比は、逆接のつなぐ言葉で示される可能性が高い。逆に言えば、〈一般論〉を見つけたなら、それを反転させる逆接のつなぐ言葉を探し、その直後から始まる〈主張〉に着目する、という読み方が大切になってくるわけです。

問題解説

本文解説

1段落

1 （通常、科学技術は「価値中立的」であると考えられている）。つまり、（科学や技術それ自体は良いものでも悪いものでもなく、包丁や劇薬と同様に、それを使う人次第で良くも

一般論　換言

〈一般論〉
科学技術＝価値中立的
↔

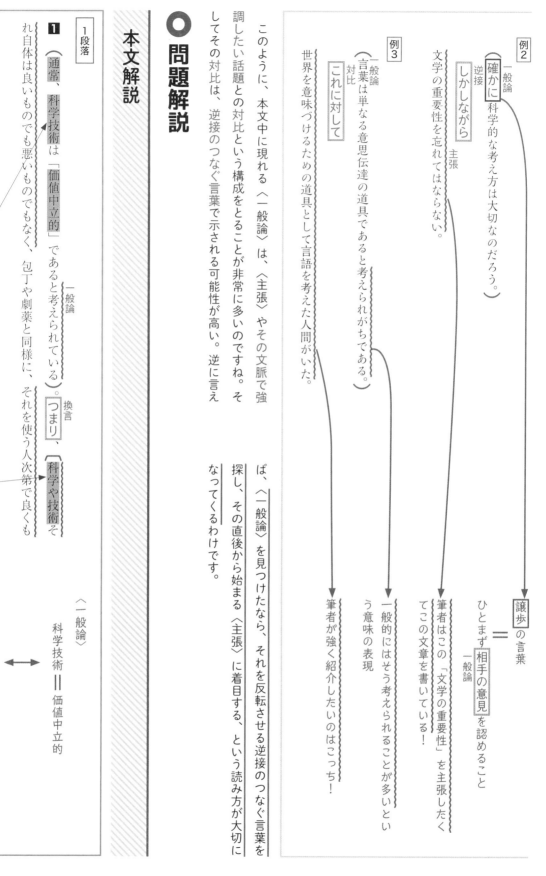

悪くもなるという「科学技術＝両刃の剣」説である。逆接 しかし、主張 現代社会では次第にそのような単純な考え方は成り立たなくなっている。理由 というのも、包丁は単純な機能の道具であり、それがどのように働き、どのような社会的影響を及ぼすかはあらかじめ予測することができる。逆接 しかしながら、現代の科学技術はそのような単機能の道具ではなく、多様で複雑なメカニズムによって動いており、その帰結や影響を前もって予測することが甚だ困難な代物なのである。順接 したがって、科学技術の善意の使用が悪しき結果をもたらす可能性は十分にありうる。薬品の副作用や原子炉から排出される放射性廃棄物を挙げるまでもなく、現代の科学技術は社会的リスクと表裏一体なのであり、順接 その限りで「価値中立的」ではありえない。それをコントロールするためには、複合的な視点と多角的な考察が必要とされるのである。

〈主張〉

科学技術 ≠ 価値中立的

理由

現代の科学技術

- 多様で複雑なメカニズム
- ↓ 帰結や影響を事前に予測できない
- ↓ 善意の使用も悪しき結果になる可能性

⇒ 社会的リスクと表裏一体

〈一般論〉を否定する形で筆者の〈主張〉が示される、典型的な書かれ方ですね。——一般的には〈科学技術＝価値中立的〉と思われているが、それは違う。現代の科学技術は複雑なメカニズムによって動いており、それがどのような影響を及ぼすかが前もってはわからない。たとえ善意で用いても悪しき結果をもたらす可能性があり、社会的リスクと表裏一体なのだ。したがって、価値中立的ではありえない——筆者はそう訴えるのです。

本文メモ

一般論

- 科学技術＝価値中立的

↕

主張

- 現代の科学技術……多様で複雑なメカニズム⬇その帰結や影響を事前には予測できない

⬇

善意の使用が悪しき結果につながる可能性

⬅ 社会的リスクと表裏一体

⬇ 現代の科学技術は価値中立的ではありえない！

2〜4段落

2 科学は、アカデミズム科学の段階までは、「自然界の真理の探究」を目指してきた。逆接 **しかし**、二十世紀後半からの科学技術は、単なる自然界の真理や法則の探究だけではなく、原爆やコンピュータやロボットなど「人工物の製作」へと大きく傾斜してきている。並立・累加 **また**、これまでは理論的発見とその技術的実用化までには大きなタイムスパンがあったけれども、現在ではその時間的距離が著しく短縮されている。研究室で実験された試料や試作品が、時をおかずに市場へ製品として出回るということが現実化しており、その意味で実験室と社会とがこれまでのように隔絶されたものではなく、地続きになっているのである。換言 **言うならば**、実験室が社会化し、社会が実験室化するという状況が生まれているのであり、遺伝子組み換え食品や生殖技術などはまさにその好例と言える。

3 並立・累加 **さらに**、医薬品・食料品・工業製品についてはわが国では一九九五年に「製造物責任法（ＰＬ法）」が制定され、製造物の欠陥によって生じた生命・身体・財産への人的被害に対しては【製造者が損害賠償】などの責任を負わなければならないという原則が確立されている。近年では遺伝子スクリーニングによる社会的影響やウイルスなど病原体研究のテロへの転用

かつての科学 ⟷ 現代の科学技術

かつての科学
- 自然界の真理の探究
- &
- 理論的発見と技術的実用化までにタイムスパン

現代の科学技術
- 人工物の製作
- &
- 理論的発見と技術的実用化までの時間が短くなる

⬇ 科学と社会が地続きに!!

⬅ 科学の製造物や知識についても、科学の側の人間がその責任を負わねばならない!!

など、次第にそれが知識に対しても適用されねばならないような事態が起こっている。ザイマンが提起した科学者の行動規範PLACEの中に「所有」という項目があったが、現在では「知的所有権」とともに「知識の製造物責任」が問われねばならないような時代になっているのである。

4 科学が純粋な理論的研究の中にとどまらずに、政治や経済など他の領域と交差し、社会を横断しながら研究開発を続けていくことから生じる諸問題を、核物理学者のA・ワインバーグは「トランス・サイエンス(trans-science)」という言葉で表している。これは価値中立的で客観的な科学知識とその政治的・社会的利用とを区別することが困難になっており、事実と価値が交錯し融合している、という科学の現状を象徴する言葉である。ワインバーグはこれを、「科学に問いかけることはできるが、科学によって答えることのできない諸問題」と定義している。具体的な例としては、環境問題、公衆衛生や健康問題、原子力発電所の安全性などを挙げることができる。これらの諸問題は科学知識と政治的意思決定とが絡まりあっている領域であり、トランス・サイエンスという概念は、解決に科学は必要だが科学のみでは確実な結論を出すことのできない問題領域（グレイゾーン）が拡大していることを示唆しているのである。

〈キーワード〉
トランス・サイエンス
科学が政治経済などの他領域と交差し、社会とかかわる
→様々な問題

かつての科学と比較する形で、筆者は、現代の科学技術のありかたを整理します。現代科学においては、「人工物の製作」に力が入れられ、かつ、研究室で発見された理論がすぐに実用化されることになります。これはすなわち、科学と社会が密接不可分の関係でつながったことを意味

本文メモ
かつての科学
- 自然界の真理の探究／理論的発見とその技術的実用化までには時間差

します。だから、科学が製造したモノが人間に被害を及ぼしたとき、製造者は損害賠償などの責任を負わねばならないのです。その責任は、なんとその知識を製造したことについてすら問われるものなのです。そうしてこのような状況を意味するのが、「トランス・サイエンス」という概念である、と。

現代の科学技術 ⟷

●人工物の製作／理論的発見とその技術的実用化までにかかる時間の短縮

⬇科学と社会とが密接不可分につながる！⬇トランス・サイエンス

＊製造したモノや知識にまで、製造者は社会的責任を負う必要がある

5〜7段落

5 以上のような科学技術の変貌と社会状況の変化に伴って、科学者の間にも危機意識が芽生え始め、とりわけ社会的影響の大きな生命科学研究に関する自主的ガイドラインを作ろうとする機運が高まった。その最初の試みが、一九七五年二月にカリフォルニアのアシロマ国際会議場で行われた「組み換えＤＮＡ分子に関する国際会議」、通称「アシロマ会議」である。この会議では、生命科学者一五〇人ほどが一堂に会して組み換えＤＮＡ実験の規制について議論を行った。それまで科学者は、研究を外部から規制されることに対し、学問の自由に対する侵害として強い反発を示すことが多かったことを考えれば、専門家集団としての科学者が自分たちの研究内容の潜在的危険性を自覚し、それに対して自主的に予防規制を行ったことは画期的な試みであった。

6 実際、この会議で合意が得られた、組み換えＤＮＡをもつ生物を実験室の外部へ放出で

以上のような科学技術の変貌と社会状況の変化
＝
トランス・サイエンスな状況
←
科学者自身も危機意識
←
自主的な予防規制

きないようにする「生物学的封じ込め」と「物理的封じ込め」という方法をもとに、アメリカ国立保健局（ＮＩＨ）は組み換えＤＮＡ実験のガイドラインを作成しており、これが現在の生命科学研究の国際的基準となっている。**現代の科学研究**は、もちろん一つの国だけで行われているわけではなく、研究者の国際交流や共同研究も活発に行われている。[順接]**それゆえ**、**規制**や**ガイドライン**を作る際には、一国だけではなく国際的な標準となりうるモデルを提供することが重要となる。[換言]**つまり**、研究のグローバル化に伴って、**規制のグローバル化**をも同時に進めていかなければならないのである。

主張　画期的ですばらしい!! →

ただし

現代の科学研究
……世界規模で展開
⬇規制も、グローバル化が必要!!

7 [a]、問題によっては単なるガイドラインによる規制だけでなく、罰則規定をもつより強い法的規制が必要となる場合もありうる。[b]、クローン人間の禁止はそのような問題の一つであり、日本では二〇〇〇年十二月に「ヒトに関するクローン技術等の規制に関する法律」が成立した。[並立・累加]**また**、現在ではヒトを対象とする医学・生命科学研究については、前もって研究機関内の倫理委員会の承認を得ることが必須となっている。[結論]**このように**、社会的に承認される研究とそうでない研究とが厳しく区別されるようになっており、科学者は自分の好奇心に任せて自由に研究を進めてよい、という**アカデミズム科学**の原則はもはや通用しない時代に入っていると言ってよい。[c]、科学技術が外部資金やプロジェクトの請負いを通して社会と密接な関係を結び、同時に社会的リスクを潜在させた影響力の大きさから、**社会的事業としての科学技術**は**公共性**の観点からの**社会的規制**に服さねばならない、という原則が現代では確立されつつあるのである。

要するに、

これまでの科学ではだめ
⬅
トランス・サイエンス的状況に対応した「社会的規制」が大切！

という主張を端的にまとめている!!

トランス・サイエンス的状況のなかで、科学者の間にも危機意識が生じ、「アシロマ会議」に代表されるような科学者自身による自主的な予防規制の試みもなされるようになりましたが、筆者はそれを、「画期的」と評価します。さらに**6**段落では、そのような試みがグローバルな規模で行われる必要性が説かれます。そして最終段落では、「社会的事業としての科学技術は公共性の観点からの社会的規制に服さねばならない」という言葉で、ここまでの内容が総括されるわけですね。

設問解説

問1 この設問の要求は、〝「『価値中立的』ではありえない」ことの理由の説明として、ふさわしくないものを選んでください〟ということです。まず確認しなくてはならないのが、いったい何が「『価値中立的』ではありえない」のかという点。ただこれについては、傍線部を含む一文内の「現代の科学技術」であることはすぐにわかると思います。つまりこの設問は、〈現代の科学技術が価値中立的ではありえない〉ことの理由を考えさせる問題なのですね。ここで大きなヒントとなるのが、傍線部の直前にある、「その限りで」という指示語を含む表現です。もちろん、「その限り」の内容を明らかにすれば、そこが理由となって〈現代の科学技術が価値中立的ではありえない〉と述べているのだと判断できます。そしてここでの「その」が、本文メモなどでも整理した通り、

現代の科学技術

A 複雑なメカニズムによって動いている

B それがどのような影響を及ぼすかが前もってはわからない

C 善意で用いても悪しき結果をもたらす可能性がある

D 社会的リスクと表裏一体

といった流れを指し示していたことを、再度確認しておきましょう。

本文メモ

● 背景 ← トランス・サイエンス的状況

● 科学者の間にも危機意識……自分たちの研究内容の潜在的危険性を自覚し、自主的な予防規制

⬇ 研究のグローバル化した現代においては、こうした規制もグローバルに展開する必要がある！

⬇ 社会的事業としての科学技術は公共性の観点からの社会的規制に服さねばならない、という原則の確立！

解くコツ

傍線部を含む一文中に指示語がある場合には、指示内容を必ず確認する。

● A 現代の科学技術は、社会的リスクと表裏一体のものであるから。

⇩「その限り」の指示内容Dと合致します。よって「ふさわしくない」という条件は満たしていません。不正解。

● B 現代の科学技術は、政治や経済など他の領域と関係しあっているから。

⇩この選択肢は少し難しかったと思います。というのは、これだけが、「その限り」の指示内容とは異なる観点からの説明になっているからです。しかしながら**4**段落に、「政治や経済など他の領域と交差」している現代の科学技術の状況を背景に、「価値中立的で客観的な科学知識とその政治的・社会的利用とを区別することが困難」になったとあります。したがってこの選択肢もまた、〈現代の科学技術が価値中立的ではありえない〉ことの理由を的確に述べていると判断できます。よって不正解。

● C 現代の科学技術は、多様で複雑なメカニズムによって動いているから。

⇩「その限り」の指示内容Aと合致します。よって「ふさわしくない」という条件は満たしていません。不正解。

● D 現代の科学技術は、それがもたらす結果を事前に予測することが難しいから。

⇩「その限り」の指示内容Bと合致します。よって「ふさわしくない」という条件は満たしていません。不正解。

● E 現代の科学技術は、それを用いる者次第で良くも悪くもなるものだから。

⇩この選択肢は、傍線部を含む筆者の〈主張〉と対比される〈一般論〉の内容になってしまっています。もちろんこれが「ふさわしくないもの」ということになり、正解です。

問2 まず [a] に関しては、空欄を含む一文の「だけでなく」「もありうる」という表現から、この一文が、これまで述べてきた内容に新たな内容を付け加えていることがわかります。よって並立・累加のD「さらに」が入ります。次に [b] ですが、ここは、直前に述べられた「罰則規定をもつより強い法的規制が必要となる場合」の具体例である「クローン人間の禁止」という話題が続きますから、例示のE「たとえば」を選べば大丈夫。最後に [c] については、この一文がここまでの説明のわかりやすい言い換えとなっていることから、換言のA「つまり」が挿入されると判断しましょう。

解くコツ

つなぐ言葉の空欄補充は、空欄前後の話題の関係性を分析する。

解答

問1 E　問2 a＝D　b＝E　c＝A

テーマ4 何と何とが比べられているか

▼問題 別冊p16

イントロダクション

〈対比〉の構造

評論文を読んでいると、しばしば、「おや？ ここととあそこが比べられているぞ？」ということに気づきます。例えば、「A国では明確な表現が良しとされる。これに対してB国では、曖昧な言い方が好まれる」というように。このような、何かと何かを比べる考え方のことを、〈対比〉と呼びます。

〈対比〉の効果

では、何のために筆者は〈対比〉的な書き方をするのか？ その目的は、何か一つのことをひたすら繰り返すより、それとは反対の内容、あるいは異なる内容と比べながら論じたほうが、その内容をよりはっきりと示すことができるという点にあります。逆に言えば、何かと何かが対比されている場合、筆者はその〈対比〉から導き出される情報を強調したいと思っている可能性が高い。要するに、本文の論の展開上、重要な情報をこそ、〈対比〉を用いて読者に提示する、ということです。

例1

弟はスポーツが好きだ。

一方

“何が好きか”ということを比較の軸として、「弟」と「私」を比べている私は読書することを好む。

例2

かつての人間は、宗教的な世界観を大切にしていた。

対照的に

近代以降、人々は、科学的な考え方を重要視するようになる。

“どのような考え方を大切にしていたか”ということを比較の軸として、「かつての人間」と「近代以降」の人間を比べている

例3

かつて人々が、「お腹がすいたなあ…そろそろお昼か」などと身体的な感覚でとらえていた時間を、近代の人間たちは、時計という機械によって客観的に示そうとした。

必ずしも、「一方」などの対比を明示するつなぎ言葉があるとは限らないので注意!!

以上のように、「これに対して」「対照的に」「一方」「しかし」などのつなぎ言葉、および書かれてある内容の対照性に注意して、〈対比〉の構造を整理していく習慣をつけておきましょう。そこには読解における重要な情報が述べられている可能性が高いのです。なお、前回扱った〈一般論／主張〉という関係も、もちろん〈対比〉の一つのバリエーションということになります。

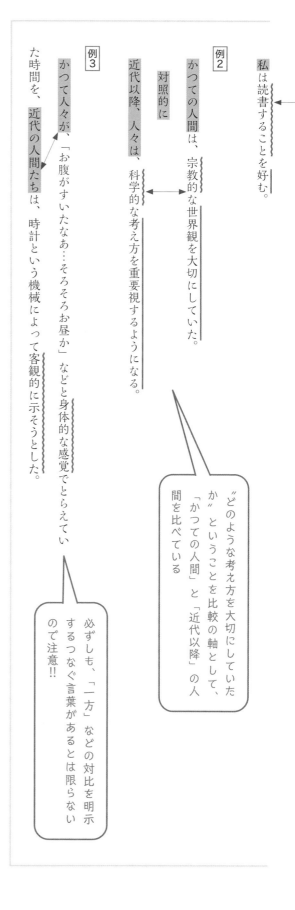

問題解説

本文解説

1〜3段落

1 （弥生といえば、縄文に比べて飾り気のない、シンプルな土器というのが一般的な知識だ。岡本太郎の影響もあるが、芸術の文脈で語られるのは、弥生よりもだんぜん縄文。火焔《かえん》型土器をはじめとする縄文土器の立体的で複雑に入りくんだ装飾に、顔やからだが極端にデフォルメされた土偶のインパクトも強い。

（一般論）

2 総じて、縄文の造形物は、とにかくエネルギッシュで、「なんだこれは！」と人を惹《ひ》きつけるものがある。なにやら謎めいた深い意味を予感し、用途を超えた「表現」を感じさせるのだ。

（結論）

3 それに比べると弥生の土器は、アートよりデザインに近いかもしれない。表現のための形ではなく、使うための形。それも用の美を追求したミニマムなデザインという印象だ。）

（対比）（並立・累加）

「弥生」と「縄文」との〈対比〉という構成で、文章が展開する可能性が高い。

＆

しばらく一般論が続く……？

まさに、「縄文」との比較の中で、「弥生」の特徴が整理されている!!

＊ただし、ここまでは 一般論

まずは〈一般論〉の紹介から始まる文章です。前回学んだように、ここでの内容を反転する形で、主張やその文脈で強調したいことを展開していくという可能性が高い。つまり、〈縄文土器＝エネルギッシュで人を惹きつけ、深い意味や用途を超えた表現を持つ／弥生土器＝飾り気のないシンプルなもので、用の美を追求したミニマムなデザインを持つ〉

本文メモ

一般論

● 縄文土器＝エネルギッシュ・人を惹きつける・謎めいた深い意味・用途を超えた表現

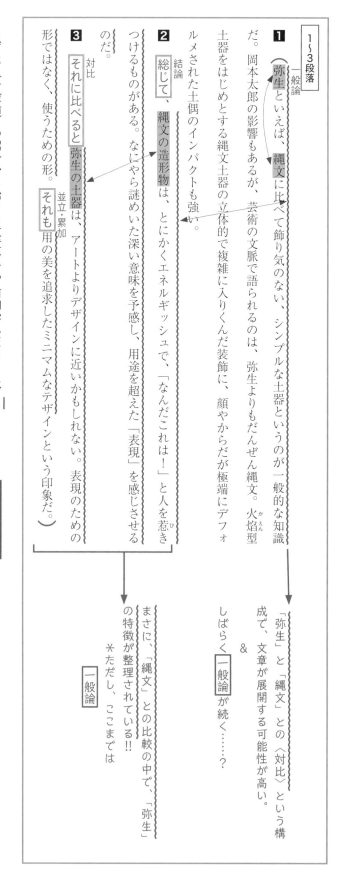

という対比を前提として、それを批判したり、ずらしたりしながら自説を述べていく、ということですね。

● 弥生土器＝飾り気のない、シンプルなもの・用の美を追求したミニマムなデザイン ⟷

4〜8段落

4 だから（順接）[1]弥生人の絵を見て最初はギャップを感じた。実用的なものを好むクールなイメージとは異なり、親近感がわくような「ゆるい絵」なのだ。

5 たとえば（例示）人物の表現。頭は丸、体は四角、手足は棒といった、いわゆる棒人間だ。顔が描かれているものも、点三つで目と口、そこに横棒を足して眉毛という調子。それも下がり眉の気の抜けた表情だったりする。そんな絵が、一部の土器や石器、木器、青銅器に描かれている。ベンガラの赤など顔料を使ったものもあるが、線刻が圧倒的だ。人間、シカ、ヘビ、魚などの動物のほか、想像上の動物である龍も描かれている。

6 シンプルな絵のなかに、弥生人の暮らしの様子が垣間見えておもしろい。舟や建物などの建造物に人間が配置された様子や、弓で獲物をとらえる様子などの説明的な描写もある。頭に鳥の羽の飾りをつけ、翼のように袖の広い衣装をまとった絵もあり、鳥装のシャーマンの儀式とされている。

7 かれらの絵を「ゆるい」と感じるのは（理由）、それが絵文字やマンガを思わせるからだろう。きわめて記号的な絵なのだ。「見たもの」を描く写実的な絵ではなく、「知っているもの」を描く記号的な絵。人間には、頭があって体があって、手が二本、足が二本、というような、頭の

やはり、ここまでの一般論はひっくり返される!!

&

「最初は」とある以上、ここでの「ギャップ」は後で解消される!!

この「棒人間」は、「親近感がわくような『ゆるい絵』」の具体例

写実的な絵（見たものを描く）

⟷ 弥生人の絵（知っているものを描く）

……記号的な「ゆるい」絵

＊たしかに「棒人間」は記号的!!

なかにある表象スキーマ（その対象についての一連の知識）を表している絵だ。

8 ずっと古い旧石器時代のショーヴェ洞窟の壁画の方が、写実的でデッサンに近い。だからといって（逆接）弥生人の絵が稚拙だとか原始的だとかいうわけではない。そもそも弥生人もクロマニョン人も、同じホモ・サピエンスであるわたしたちと脳の構造や認知的な能力に違いはない。弥生人の絵は、できるだけ手数を少なく、最小限のタッチで「なにか」を表そうとしているように見える。それも（並立・累加）、現代のわたしたちと同じようなやりかたで記号化しているのだ。タイショウ的に（対比）、写実的な絵の場合は「どんな」も細かく描写され、含まれる情報量が多い。でも（逆接）そのぶん描くのに時間もかかるし、技術も必要だ。だから（順接）「なにか」を伝えるためには、記号的な絵の方がずっと効率がいい。土器や青銅器の曲面を削って描くのにも、その方が適している。

→ 筆者は弥生人の絵を否定しているわけではない

→ 弥生人の記号的な絵＝効率がいい
＊この評価によって、**4**冒頭の「ギャップ」はやはり解消される!!

やはり、直前までの〈一般論〉は、覆されました。一般的には〈用の美を追求したミニマムなデザインを持つ〉と思われている弥生土器に描かれた絵が、実際には、「絵文字やマンガを思わせる」ような「記号的」で「ゆるい絵」だったわけですね。しかし筆者は、そのような弥生土器を否定などしません。むしろ、「写実的な絵」と対比する形で、「手数を少なく、最小限のタッチ」で表現されている弥生人の絵のほうが、何かを伝えるうえで「ずっと効率がいい」と評価するのです。

本文メモ

- 弥生土器の絵……**一般論**……実用的なものを好むクールなイメージ
  ↔ **実際**……絵文字やマンガを思わせる、記号的でゆるい絵
- 見たものを描く写実的な絵……細かく描写され、情報量が多い

●知っているものを描く記号的な絵（＝弥生土器の絵）……できるだけ手数を少なく、最小限のタッチで何かを表現

⟷ 描くのに時間がかかり、技術も必要

← 何かを伝えるうえでずっと効率がいい

9〜14段落

9 転換 さて、青谷上寺地《あおやかみじち》遺跡だ。ここは弥生時代の湾港にあり、交易の拠点でもあったという。低湿地の奇跡的な土壌のおかげで、「地下の弥生博物館」と呼ばれるほど、保存状態のよい出土品が大量に見つかっている。

→ おそらくは、そこから見つかった出土品にも、「記号的な絵」が描かれているはず。

10 鉄器、青銅器、土器だけでなく、通常は腐敗しやすい木器もまるごと出てきたりする。農業や漁業などに使われる道具は、形も保存状態も二千年前というより、一、二世代前の「むかし」の道具といった雰囲気だ。後期の地層からは、殺傷痕を含む大量の人骨、そして弥生人の脳まで発見されている。

11 この遺跡でさかんにおこなわれていたのが、ものづくりだ。初期には碧玉《へきぎょく》を加工してつくった管状のビーズの管玉がおもな交易品だったが、後期には木製品にかわる。

12 なかでも、赤く塗られた花弁高杯《たかつき》の美しさに驚いた。お皿の下が花びらのような文様に彫られ、きゅっとくびれた脚に裾広がりの脚台は、縦にすかし孔が入れてある。ゆがみのない

対称形に美しい曲線、薄く仕上げられた縁に、なめらかに削りをかけた表面。[a]の高い職人の丁寧な手仕事だ。

⓭ しかし〔逆接〕意外にも、大量の出土品のなかで絵が描かれているのはほんの一握り。それも〔並立・累加〕記号的な絵がちょろっと描かれているのみだ。どうも鑑賞するための絵画や凝った装飾という感じではない。むしろ、マークのようなものにも見える。自分の、家の、という所有を示すものかもしれないし、特別な用途に使う目印や願掛けかもしれない。とにかく、他の道具と違う「特別」なものであることを示す絵なのではないかと思った。

⓮ 木製の琴の側板には、頭に丸い角をもつヒツジのような動物が四頭描かれていた。でも、そのうち一頭の丸い角が削られて、二本のとがった角か耳のようなものに彫りなおされている。ヒツジをシカに描きかえたと考えられているが、頭の形を変えるだけで別の動物を表現できるのも、[b]な絵ならではのことだ。

例

ここまでの内容から考えるなら、これらの出土品に描かれた「記号的な絵」もまた、「効率がいい」という性質を有する……？

「頭の形を変えるだけで別の動物を表現できる」
＝
効率がいい

ここで話題は、「青谷上寺地遺跡」へと移ります。そしてこの遺跡が「地下の弥生博物館」であった以上、おそらくここから発掘された弥生土器の絵について、それが記号的なものであったということを紹介する可能性が高い。まさに⓭段落に、出土品に描かれた絵が「マーク」のような「記号的な絵」であったと述べられていますね。もちろん、⓮段落の「頭に丸い角をもつヒツジのような動物」は、そんな「記号的な絵」の具体例。当然、そうした「記号的な絵」であればこそ、「頭の形を変えるだけ」で「ヒツジをシカに描きかえ」ることができてしまうのです。つまりは❽段落にあったように、「ずっと効率がいい」、と。

本文メモ

● 青谷上寺地遺跡……地下の弥生博物館であり、ものづくりの土地

⬅ 出土品の一部にしか絵が描かれていないが、やはり、記号的な絵

⬅ 少しいじるだけで、他の絵に描きかえることができるという効率のよさ

設問解説

問1　まずは［a］です。

空欄を含む一文は、

［a］の高い職人の丁寧な手仕事だ。

となっています。すぐにわかるのは、空欄を含む「［a］の」という文節は、「高い」に対する主語であるということ。そして「高い」は「職人」を修飾しているわけですから、つまりはこの文脈で話題となっている職人は、いったい何が高いのか、ということを考えれば答えは出せるはずですね。さらに、この空欄を含む一文全体は、「●●●●だ。」という形で、直前までの内容を意味づける働きを持っています。よって皆さんは、直前の記述に戻ることになります。

ゆがみのない対称形に美しい曲線、薄く仕上げられた縁に、なめらかに削りをかけた表面。

このようなものを作ることのできる「職人」は、何が「高い」のか。もちろん、B「技術力」が正解となります。

では、次に［b］を含む一文を確認します。

ヒツジをシカに描きかえたと考えられているが、頭の形を変えるだけで別の動物を表現できるのも、［b］な絵ならではのことだ。

原因　［b］な絵ならでは
↓
結果　頭の形を変えるだけで別の動物を表現できる

弥生土器の絵が「頭の形を変えるだけで別の動物を表現できる」等の効率のよさを持っているのは、それが「記号的な絵」であったからでした。もちろん正解は、E「記号的」ということになります。

解くコツ
空欄補充問題は、空欄を含む一文を分析する。

問2　設問文に、「これはどういうことを意味しているのか」とあります。要するにこの問題は、「弥生人の絵を見て最初はギャップを感じた」という傍線部の意味するところを解釈しなさい、と指示しているわけですね。

まず、「ギャップを感じた」という箇所に着目しましょう。ここはもちろん、弥生土器の絵についてそれまで持っていたイメージが覆されたことを意味しているはずです。すなわち、これまでは〈一般論〉と同じく弥生土器＝実用的なものを好むクールなものと思っていたが、実際に目にしてみると、絵文字やマンガを思わせる、記号的でゆるい絵だった、ということですね。

さらに、「最初はギャップを感じた」の「最初は」の意味するところを考えてみましょう。「最初は」とある以上、右に分析した「ギャップ」は、後に解消されたはず。すなわち筆者は、弥生土器の絵の「記号的でゆるい」という性質に、何かしらの肯定的な側面を見出したことになります。もちろんその肯定的な側面は、「記号的な絵の方がずっと効率がいい」という点でした。

解くコツ
設問は、本文全体の流れをしっかりと整理してから解く。

● A 弥生人の絵は、見る人の感情に訴える力があると認識していたので、正確さに重きを置いて描いている点が不可解だったが、それは弥生人特有の観察力によるものだとわかったこと。

⇩右の分析と完全にズレてしまっています。不正解。

● B 弥生人の絵は、自分達の生活を正確に記録するために描かれていると思っていたので、極端に省略した描き方に戸惑ったが、それは見た者の想像力を喚起する効果があるとわかったこと。

⇩「見た者の想像力を喚起する効果」という内容が、「効率がいい」という本文根拠とズレています。

● C 弥生人の絵はシンプルで、実用的なものであると思っていたので、絵文字のようで遊び心が見られることに違和感を覚えたが、実はそのほうが効率が良い描き方だとわかったこと。

⇩右に分析したすべての根拠をしっかりと反映しています。これが正解です。

● D 弥生人の絵は、実際の道具をもとにしてデザインとしての美しさを追求したものだと思っていたので、単調な描き方に終始していることを不思議に思ったが、彼らにとっては美しさよりも簡便さのほうが大事なのだとわかったこと。

⇩右の分析と完全にズレてしまっています。不正解。

● E 弥生人の絵は、日常生活で使われる物を重視した現実的なものだと思っていたので、想像上の物までもが描かれていることを意外に感じたが、それも彼らにとっては、日常的なものだとわかったこと。

⇩右の分析と完全にズレてしまっています。不正解。

問3 傍線直前までの話題である「弥生人」の「記号的な絵」と直後から始まる「写実的な絵」とが正反対の性質を有していることがわかれば、ここでの「タイショウ的」は、〈正反対〉の意を持つ「対照的」であると判断できます。〈動作などが及ぶ相手〉の意味の「対象」、〈対となるもの同士のバランスがとれている〉の意味の「対称」と、しっかり区別して覚えておきましょう。Cの「照合」が正解となります。A「象形」、B「保障」、D「人称」、E「承認」。

解答
問1 a＝B b＝E　問2 C　問3 C

テーマ5

言い換えの関係を見抜こう

▼問題 別冊p.20

イントロダクション

〈言い換え〉の構造

評論文を読んでいると、ある部分とある部分、ある一文とある一文、ある段落とある段落などがほとんど同じことを述べているということに気づくことがあります。このように、同じことを繰り返して説明することを、本書では〈言い換え〉と呼びます。

例1

彼女は学業優秀でスポーツも万能だ。

要約 つまりは

優等生なのである。

換言「つまりは」以降で、直前までの内容を意味づけている。

〈言い換え〉の効果

文章を書くうえで〈言い換え〉を用いることの最大の効果は、もちろん〈強調〉という点にあるでしょう。何度も同じことを繰り返すわけですから、読み手はそこに注目せざるをえません。そして「あー、筆者はこのことをとくに訴えたいのだな」と判断することになるわけです。つまり〈言い換え〉の技法によって〈強調〉されている内容は、本文の展開上きわめて大切な情報であることが多いのですね。

例2

文化や世界観は必然的なものではない。

例示 **たとえば** チョウとガを区別するかしないかは文化によって異なるが、どちらが正しいというわけではないのだ。

例示「たとえば」以降で、直前までの内容がくわしく言い換えられている。

＊"具体例"については、「第2章テーマ6」でくわしく扱います

例3

西欧では長らく、身体は精神よりも劣るものであると考えられてきた。近代哲学の父と呼ばれるデカルトもまた精神をこそ人間の本質であると説いたが、／そうした考え方は現代の我々をも支配していると言える。

→新しい話題

〈言い換え〉の関係は、いつもつなぐ言葉で示されるとは限らない。

&

"／"以降は新しい話題。このように、言い換えが単なる言い換えになっていないこともある。

〈言い換え〉の関係を見つけていく際には、「つまり」や「すなわち」などの〈換言〉のつなぐ言葉、あるいは「このように」「要するに」などの〈結論〉のつなぐ言葉、さらには〈例示〉の「例えば」などもヒントになります。ですが、それはあくまで目安に過ぎません。何より大切なのは、文の伝える意味を把握し、そこからイコールの関係を把握していくことになります。

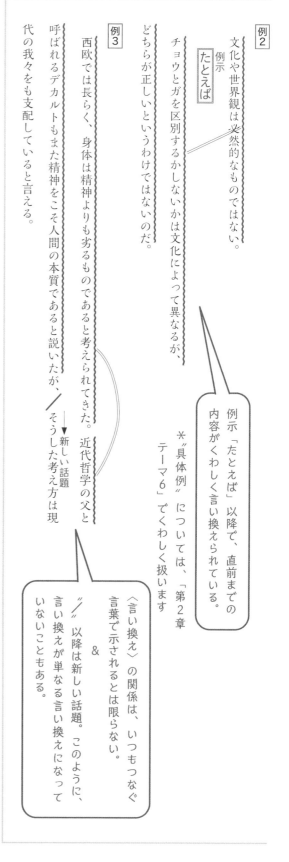

問題解説

本文解説

1〜3段落

1 問い 所得・資産格差の不平等化が進行している日本において、私はできるだけ平等分配に近づけるのが好ましいと考えているが、なぜ日本では平等化が進まないのだろうか。

2 答え 日本人が平等を好まなくなった、あるいは格差の存在を容認するようになった事実を説明するために、ここでは日本人の心理状況の特色に注目する。

3 池上知子（二〇一二）は人間社会に格差が存在することを前提にして、格差是正や平等を願う声は相当あるにもかかわらず、遅々としてそれが進まないことに注目している。格差を容認する人びとがかなり存在することの理由を、主として〔心理学〕に立脚して解説しているので、それに準拠しながら、格差を発生させ、かつそれを維持させている理由を探求する。

筆者は、自らが立てた問いをより深く分析するために、池上知子の心理学的分析を参照する。

筆者は、不平等化の進行する日本においてなぜ平等化が進まないのかという問いを立て、それに対して「日本人が平等を好まなくなった」から、あるいは「格差の存在を容認するようになった」からと述べています。そのうえで、日本人のそのような心理を、池上知子の理論を用いながら分析していくことを宣言しているわけですね。

本文メモ

問い 所得・資産格差の不平等化が進行する日本で、なぜ平等化が進まないのか？

答え
- 日本人が平等を好まなくなったから
- 日本人が格差を容認するようになったから

⬇そういった日本人の心理について、池上知子の理論を用いながら分析する！

4～6段落

4 一つの理論として「社会的支配理論」というのがある。これは人間社会には人びとの心底の思いとして、不平等な支配・被支配関係を願う気持ちがある、とする。それは権威主義と呼んでもよく、弱い自分を強い他人によって守ってもらいたいという希望を、人間が本能としてもっているものと理解する。（対比）一方で強くて権威を持っている人も規範や伝統を信奉して、それらが弱い人を服従させる効果があると考えている。（換言）すなわち、弱い人も強い人も支配・被支配の関係を容認する、という心理が人間にはあると考える。

5 この「社会的支配理論」は、時折人びとの〈イデオロギー〉*として認識されている。このイデオロギーは人びとの発言・行動の起源となる傾向があり、これが階層を固定化するのに役立つ。（換言）すなわち共通のイデオロギーが支配集団と被支配集団の双方に共有されるので、階層構造の維持に役立つのである。このことは、世の中に存在する格差を消極的にせよ双方が是認することを意味し、社会の秩序・安定に貢献すると考えられている。

6 （換言）わかりやすく言えば、世の中には強者（高所得者）と弱者（低所得者）が存在するのは

「社会的支配理論」について二文目以降でくわしく説明した後、換言「すなわち」を用いてそれを端的にまとめている。

*イデオロギー
＝主義や主張、（政治的な）思想、信条

段落をまるまる使って言い換えている以上、この、
格差の是正 ← 社会の破滅の可能性 ← 格差の容認
という内容はかなり重要な情報!!

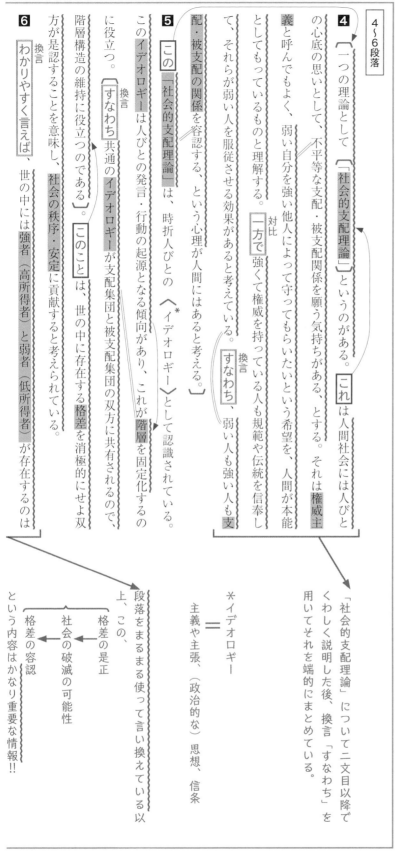

事実でありかつ避けられないことであるが、あえてこの両者の格差を是正しようとすれば、人びと、あるいは第三者なり政府は強硬なことをしなければならない。それをすればお互いが破滅に至ることもあるので、ここは静かに格差の存在を容認しておいたほうが無難である、との人間の心理構造が働くと考える。

日本人が格差を容認するようになった理由として、まず、「社会的支配理論」が挙げられています。社会的な強者にも弱者にも、支配・被支配の関係を願う気持ちがあるという考え方ですね。弱者は強者に守ってもらいたいし、強者は弱者を服従させたい。そしてそうした傾向が、社会的な階層構造を維持し、ひいては社会の秩序・安定に貢献する、と。逆に言えば、格差を是正して、その結果として社会が崩壊することを恐れているというわけです。

本文メモ

- 日本人が格差を容認するようになった理由❶
  - 社会的支配理論
  - 弱者は強者に守ってもらいたい／強者は弱者を服従させたい
- 強者も弱者も、支配・被支配の関係を望む
  ……格差の維持によって社会が安定するという期待
  ……格差の是正は社会の崩壊につながるという不安

7～11段落

7 補足 もっとも ここでの解釈には、一つの問題点が残る。例示 それは格差の程度によっては、たとえば昔の王制や帝制、封建時代のように、ごく一部の支配階級が巨額の資産・所得や権力を保持する一方で、大多数の被支配階級が貧困に苦しんでいるのなら、被支配階級は体制を崩そうとして反乱を起こすこともありえる。それが現実に市民革命として、庶民が国王や貴族、大地主に抵抗して市民を中心とする社会を作り上げたことは歴史が物語っている。

格差があまりにも激しくなったら、被支配階級も黙ってはいない。反乱！

要するに、「社会的支配理論」ではすべてを説明することはできないということ!!

8 現代は王制や帝制ではないので、ここで述べたことは重要ではないかもしれないが、格差が大きすぎるのであれば、たとえ民主主義の国であっても政府を打倒する運動は発生しうる。

現代だって、「反乱」が生じる可能性は0ではない！

9 並立・累加 もう一つ、イデオロギーに関しては、資本主義が発展してから資本家と労働者の階級対立が激しくなり、対比 資本家が労働者を［　　］している事実を覆さねばならないとするマルクス経済学思想、あるいは社会主義政治思想が一九世紀と二〇世紀を中心にして強くなった。これは大きな格差を是正するためのイデオロギーと理解してよい。このイデオロギーは暴力革命の容認論にまで発展して、ロシア革命をはじめとして各地での社会主義革命が成功し、政治体制の変わった国がいくつかあったことも歴史の知るところである。これらの歴史的事実は、格差の容認を是とするイデオロギーと逆のイデオロギーなので、「社会的支配理論」があれば、たとえば社会主義・共産主義のように「社会的支配打倒理論」という逆の理論も存在するのではないか、という説を提言しておきたい。

マルクス経済学思想
&
社会主義政治思想
＝
被支配階級の、支配階級への反乱を理論づけるイデオロギー
＝
社会的支配打倒理論

10 いまの日本は、かつて市民革命や社会主義革命が起きたときの時代のように、支配階級と被支配階級の間に極端に大きな格差があるわけではない。逆接 とはいえ、変革を望むかどうかの岐点は、人びとが日本の所得や資産の格差をどの程度の深刻さと理解しているかによる。

11 換言 いわば格差の大きさの程度、あるいは深刻さが、「社会的支配理論」か「社会的支配打倒理論」を支持するかの分岐点でもある。私は日本では革命は起こりえないと考えているが、貧しい人が多くなってきていることにより、その臨界点に近づいているのではと考えている。

日本も、「社会的支配打倒理論」に傾く可能性はある!!

ただし社会的な強者も弱者も支配・被支配の関係を望むという「社会的支配理論」には、問題点も指摘されています。それは、格差があまりに激しくなれば社会的弱者からの反乱も生じうる、ということですね。そしてそういった可能性を補強する理論として、マルクス経済学思想等に代表される「社会的支配打倒理論」がある。今の日本にとっても、そうした理論に傾いていく可能性はゼロではないのですね。

本文メモ

● 社会的支配理論の問題点
……格差が激しくなれば、社会的弱者からの反乱もありうる
参照 社会的支配打倒理論
⬇今の日本は、社会的支配打倒理論に傾く臨界点に近づきつつある！

12〜14段落

12 格差に関する心理学の立場から、第二の理論がある。それは池上（二〇一二）によると「システム正当化理論」とされている。第一の「社会的支配理論」と少し似ているが、ここでは弱くて不利な立場にいる人すら、格差を是認することがある、という点を強調することに特徴がある。人間の心理として、現状を維持して肯定しようとする動機が存在するというもので、現行の制度やシステムが長い間存在してきたのであれば、そのこと自体が公正で正当なものであるとみなすにふさわしい、と錯覚することすらありうる。

第二の～
……**4**段落冒頭の「一つの～」と対応している！
つまり
「社会的支配理論」と「システム正当化理論」は対の関係にある。

13 例示 たとえば心理学からみると、格差あるいは階層の上にいる人にとっては、当然のことながら自分の恵まれた位置は自分の利益と一致するので、それを打破しようという気持ちを持たない。野心を満たしたので満足なのである。あるとすれば階層の下にいる人びとへの罪悪感であろうが、これも下の人びとが強いイデオロギーを持って反抗してこない限り、沈黙していた

第1章

ほうが自分にとって好都合という心理が働くと予想できる。

14 興味深いのは、格差あるいは階層の下のほうにいる人の心理である。本来ならばそういう人は格差の存在を容認せず、上の人への嫉妬心はあるだろうし、このままではいけないと思う人が多数派であろう。しかしながら（逆接）、そこで上位にいる人への嫉妬心をむき出しにせずに、むしろ自分で上位に這《は》い上がろうとする心理を持つ人もいる。上位にいる人を倒して、それらの人を下位に引き降ろすとか、格差をなくすような行動をとれば社会に不安を与えるだけなので好ましくないと思い、格差の存在を容認したうえで自分が努力して上の位置に自分で上ることを希望する人がいるのである。

→ このような心理が働くために……

← **1**段落「日本では平等化が進まない」

13段落&**14**段落
……例示「たとえば」を用い、**12**段落を詳細に言い換えている

日本人が格差を容認するようになった理由として、**4**段落以降で挙げられた「社会的支配理論」の他に、ここではもう一つ、「システム正当化理論」が紹介されました。これは、長期間存続してきたという理由だけで現行の制度やシステムを公正・正当なものであると錯覚してしまう心理で、その中では社会的な強者のみならず、弱者までもが格差を是認してしまう。今ある格差を当然の前提と考えて、そのうえで自力で上昇することを希望するというわけですね。

本文メモ

- 日本人が格差を容認するようになった理由❷
  - システム正当化理論
    現行の制度やシステムを、長い間存続してきたという理由で公正で正当であると錯覚
    ……弱者でさえ、格差を容認し、その中で自己の地位を自力で上げようと希望する

設問解説

問1 まずは空欄に注目しましょう。

空欄を含む一文は、マルクス経済学思想の考え方を紹介しています。すなわち、「資本家が労働者を［　　］している事実を覆さねばならない」と。そしてこのマルクス経済学思想は、「社会的支配打倒理論」の具体例であるわけですから、それが「覆さねばならない」、つまりは「打倒」せねばならないと考える対象は、「資本家」による「労働者」の「支配」であるはず。この「支配」という概念に最も近いのが、〈必要以上に働かせ、不当に利益を搾り取る〉という意味のE「搾取」となります。

A **僭称《せんしょう》**→身分を越えた称号を勝手に名乗ること。
B **羨望**→相手をうらやましく思うこと。
C **揶揄《やゆ》**→からかうこと。
D **忖度《そんたく》**→相手の心をおしはかること。

解くコツ
具体と抽象との〈言い換え〉に着目する。

問2 「システム正当化理論」の観点から、「弱くて不利な立場にいる人」が「格差を是認する」ことの理由を考える問題です。この理論の説くところによると、人間は、長期間存続してきたという理由だけで現行の制度やシステムを正当であると錯覚してしまいます。ですから「弱くて不利な立場にいる人」も、格差を是認してその中で自力でより上の階層に上がろうとする。逆に言えば、自分の努力で上の階層を目指せばよいと思いこんでいるので、格差を問題視できない、ということでもありますね。こうした内容に見合う選択肢を選べばよいわけです。

解くコツ
論の展開を正確に把握しておけば、それが設問を解くうえでの根拠になる。

● A 格差はあるものの、この世に百パーセントの絶対はないから。

⇩「この世に百パーセントの絶対はない」などということは、本文のどこにも話題にされてはいません。傍線部の理由どうこうの前に、内容合致レベルで不正解です。

● B 格差はあるものの、現状にはまったく不満がないから。

⇩「現状にはまったく不満がない」という箇所が誤りです。「弱くて不利な立場にいる人」は、格差を是認しつつも、その中で自己の位置を高めたいと希望します。つまり、自分の今いる位置に満足しているわけではありません。

● C　格差はあるものの、自分の努力で強くなればいいから。

⇩右に分析した内容に合致しています。これが正解です。

● D　格差はあるものの、他人を妬むのは恥ずかしいことだから。

⇩「他人を妬む」可能性については14段落に言及されていますが、それについて「恥ずかしい」と思うなどとは述べられていません。不正解です。

● E　格差はあるものの、社会システムの不具合によるものだから。

⇩「社会システムの不具合」という指摘が完全に誤り。ここで話題になっているのは、「システム正当化理論」です。不正解。

解答　問1　E　問2　C

テーマ6 具体例をどう読むか

▼問題 別冊p24

イントロダクション

〈具体例〉とは何か

〈具体例〉とは、もちろん、〈何かしらの物事について示される、詳しい例〉のことです。例えば（まさにここ以降が〈具体例〉！）、「文学」の〈具体例〉は、「詩」「戯曲」「小説」などですね。そしてさらに、「小説」の〈具体例〉は、『走れメロス』『坊っちゃん』『高瀬舟《たかせぶね》』だったりするわけです。逆に、〈具体例〉に対してそれをまとめている内容を、〈抽象的記述〉と呼びます。

〈抽象⇄具体〉の関係

上で触れた〈抽象的記述〉と〈具体例〉の関係は、原則として、前回扱った〈言い換え〉の関係になります。コンパクトにまとめられた情報（＝抽象）を、例を用いて詳しく言い換える（＝具体）、ということですね。これを、〈抽象⇄具体〉の関係と呼びます。もちろん文章には、その反対のパターン、すなわち例を用いて詳しく説明される情報（＝具体）を、コンパクトにまとめて言い換える（＝抽象）という構造もよく見られます。

例1
彼は頭がよい。（抽象的記述）
実際に……

「実際に」で導き出された具体例が、「彼」の〝頭のよさ〟をくわしく説明している。
＊この例1では、具体例が、「彼」の〝頭のよさ〟を証明する証拠（＝論拠）にもなっている!!

英語も数学も国語も、成績は5なのである。（具体例）

例2

現在、人類は様々な課題を抱えている。（抽象的記述）

例示 たとえば 自然環境の破壊や汚染、貧困と格差の拡大、いつまでも終わることなき紛争などである。（具体例）

結論 このように 我々が乗り越えるべき壁は依然として少なくないのだ。（抽象的記述）

＝

このように〈抽象＝具体＝抽象〉という構造では最初の〈抽象〉と2回目の〈抽象〉が〈言い換え〉になっていることがある!!

例3

言語は曖昧なシステムである。（抽象的記述）

例示 たとえば 「花」という単語が表すイメージは、個々人によって、あるいは個々人の所属する集団によって異なるだろう。（具体例）そして（並立・累加→新たな展開）その事実こそが、「花」をめぐる多様な文化を生み出してきたのである。

「そして」以降の内容も、「花」についての記述である以上、具体例である。

⬅

しかし、ここは冒頭の抽象的記述を単に言い換えているだけではなく、新たな話題が述べられている。

⬇ 具体例の中で話題が先に展開することも!!

〈抽象＝具体〉という関係を安直に盲信しないこと!!

しばしば、〈具体例〉は〈抽象的記述〉と同じことを言い換えているだけなのだから、読み飛ばせ、というようなテクニックを耳にします。

しかし、〈具体例〉は〈抽象的記述〉に対する〈論拠〉として働いたり、あるいは〈抽象的記述〉をより正確に理解させてくれたり、さらには〈具体例〉の中において話題が発展していくパターンなどもあるわけです。決して読み飛ばしたりはせず、むしろその〈具体例〉の働きをしっかりと考えながら読むように心がけましょう。

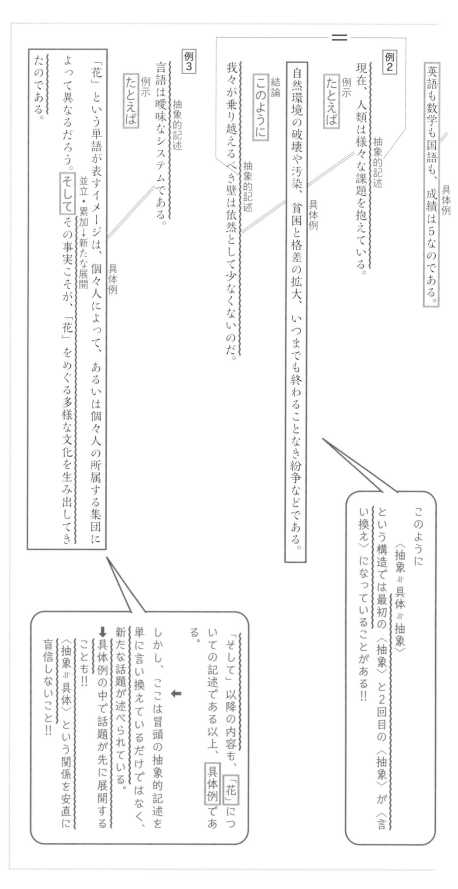

問題解説

本文解説

1・2段落

❶ われわれはそれぞれに「交際圏」をもっている。「世間」をもっている。だが（逆接）、「交際圏」が「交際圏」であるためには「交際」という行為がなければならない。おたがいが、なんらかの方法でつながっていることを確認しあうことで、はじめて「交際」が成立する。その行為のことを「コミュニケーション」という。

→ 「交際圏」が成り立つには「交際」が必要
「交際」が成り立つためには「コミュニケーション」が必要（話題の中心！）

❷ 「コミュニケーション」ということばはもともとラテン語のcommunicatioにはじまって、まずフランス語の語彙となり、それが近世英語になったもの。だが、それが世界的規模で頻繁につかわれるようになったのは二十世紀なかばのことであった。日本でこのカタカナ語がはじめて出現したのも一九五〇年代のこと。新語である。

→ キーワード「コミュニケーション」について、語源やその歴史をざっと説明しているだけ……。

冒頭に掲げられた「交際圏」という話題から、筆者はそれを成り立たせる「交際」というテーマを導き出します。さらに、そのような「交際」を可能にする行為としての「コミュニケーション」へと焦点化していきます。

本文メモ

- 交際圏
  - 成立条件 → 交際
  - 成立条件 → コミュニケーションという行為

3〜6段落

❸ コミュニケーションの基本になるのは「面談」である。人間どうしジカに会って話をすることである。目と目があって、それでなにかを合点する。結論 とにかく人間と人間、おたがいに理解を深めるためには直接に会って話をするにこしたことはない。「顔と顔」の直接コミュニケーションだからface to face、略してFTFなどともいう。（A）

❹ 補足 じっさい、人間の「顔」というものはおもしろい。おたがいに目鼻をはじめいくつもの器官をもっているが、それぞれの配置はひとによってちがう。「他人のそら似」といわれるほど似ているひともいるが、それぞれの個人の顔というものはそれぞれに微妙にちがう。ちょっと見ただけで、それがだれであるかがわかる。わたしたちはうまれながらにして、おたがいの生きた「顔」を識別するふしぎな能力をもっているのである。（抽象的記述）現代の技術はひとの眼窩《がんか》や鼻梁《びりょう》などいくつもの点を三次元でつなげて「顔認識」を可能にして出入国の管理に応用したりするようになったが、生きた「顔と顔」の相互認識能力というのはおそろしいほど正確だ。（抽象的記述）

❺ 本人確認ができて、やっと「顔と顔」のおつきあいができる。どこにいっても認識してもらえるだけ交際の範囲がひろければ「顔がひろい」というし、そのひろさによって世間からタヨリにされる「顔役」もいる。「顔」こそが個体識別の有力な手段だから、「顔を立てる」「顔にドロを塗られた」「顔パス」など、「顔」という観念は比喩的に拡散している。「顔」あっての人間コミュニケーションなのである。（B）（抽象的記述）

❻ 外交関係にしてもそうだ。交通・通信手段が飛躍的に進歩したこんにち、それぞれの国

❶・❷段落を受け、そこからさらに「面談」というキーワードを抽出 → 定義

どのような点が？

典型的な、〈抽象≒具体≒抽象〉という構造を作り出している!!

具体例（「顔認識」）

具体例（「顔」を用いた慣用句）

〝「顔」＝個体識別の手段〟という❹段落の内容の論拠!!

直前の具体例を前提とし、「コミュニケーション」の説明へとつなげている。ここは単なる〈具体≒抽象〉の言い換えにはなっていない!!

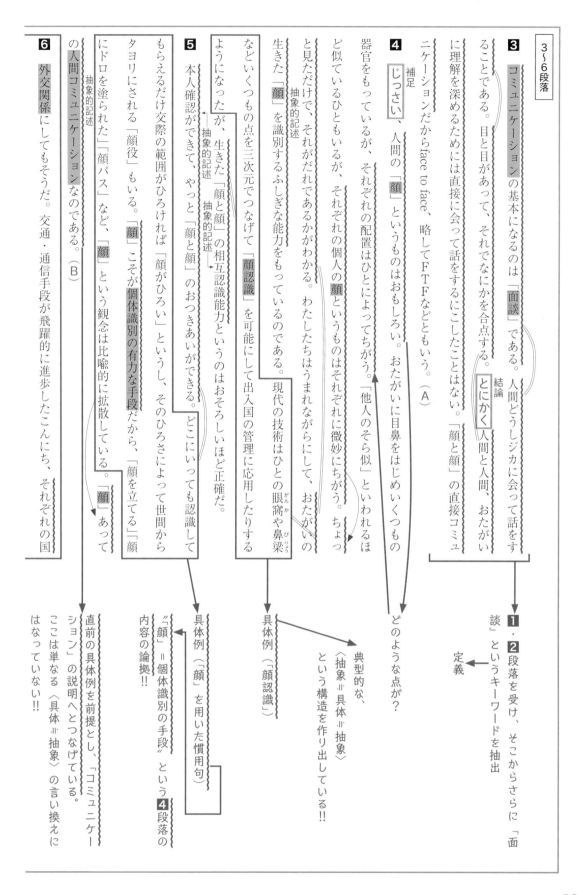

の大統領や首相は相互に招待したり訪問したり、定例の会議を開催したりして、「個人的関係」を構築することにつとめる。外交のことは大使館をつうじてやっていればいい、というのは理屈だが、指導者どうしが「面会」しなければだいじな問題は解決できない。すくなくとも友好関係を維持するためには「顔と顔」が物理的、いや生理的に向き合うことが必要なのである。

具体例（外交関係）

直前までの内容（個体識別の手段としての顔を向き合わせることで、コミュニケーションがとれる）をくわしく言い換えている!!

筆者は、**1**・**2**段落で導いた「コミュニケーション」という話題から、さらにまたその「基本」としての「面談」というキーワードを抽出します。人間と人間が顔を合わせて直接に話をすることですね。個体識別の手段となる「顔」を向き合わせることで、人間は「コミュニケーション」をとることができるのだ、筆者はそのように主張しているわけです。

本文メモ

- コミュニケーションの基本＝面談……人間と人間とが直接的に顔を合わせて話をすること

　＊顔＝人間にとって個体識別の手段

⬇そのような顔を向き合わせることで、コミュニケーションは成立する!

7～11段落

7 では（転換）なぜ（問い）「顔と顔」の対面コミュニケーションが必要なのか。それは（答え）生身の人間どうしが至近距離で向き合わなければおたがいを「体感」できないからである。「体感」というのは、おおげさにいえば全人的接触ということである。現実に生きて、呼吸している人間にはまずその身体があり、握手すれば体温を感じることができる。（C）

逆に言えば、「顔と顔」の対面コミュニケーションならば、お互いを「体感」できるということ!!

第2章

8 そうでなくても恋人どうしは、ただいっしょにいるだけでたのしい。デートがおわって、さよなら、といったとたんにまた会いたくなる。友人どうし、いちど会いたいなあ、といって歓談したり食事をともにしたくなるのも生きた人間の「体感」をもとめているからだ。

→ 具体例（恋人どうし・友人どうし）

9 会えば、相手の服装、歩き方、一挙一動、表情、女性のばあいだったら持ち物、アクセサリー、化粧のかすかな香料のにおいにいたるまで、そのひとをとりまく「雰囲気」がまずわたしたちの感覚器官にとびこんでくる。「ことば」によるコミュニケーション以上に強烈なのは人間の存在そのものが発する「実在感」なのである。

抽象的記述

→ 具体例（実際に会った時の「体感」するものの例）

→ 「体感」する対象 ＝ 人間の存在そのものが発する「実在感」

10 学校の授業も「実在感」があるから大事なのだ。科目が数学であろうと英語であろうと、学習欲のある学生なら教科書や参考書を読めばたいていのことは学習できる。それにもかかわらず（逆接）、きめられた時間に教室で席につくのは文字どおり目と鼻の先で講義なさっている先生の肉声にふれ、黒板に書かれる文字を目で追うことによってはじめて生き生きとした学習が体験できるからである。前後左右にいる級友たちの呼吸が感じられ、かれらと共通経験をわかちあうことができるからである。ノートや辞書をめくる紙ずれの音、教室のなかのあの独特のにおい。そうした全感覚を動員した「体感」があるからこそ学校という場での教育がだいじなのだ。（D）

→ 具体例（学校の授業）

11 実務の世界でも、ふだんは電話ですむような用事でも、相手方としっかり商談を煮つめ、数千万円におよぶ交渉や契約、ということになると、テーブルをはさんでなんべんも「面談」することが必要になってくる。めでたく商談が成立すれば、どちらかが席を設け、一夕を談笑

→ 具体例（実務の世界）

7段落、あるいはそれ以降の〈体感を欲して、顔と顔との対面コミュニケーションを必要とする〉という内容の具体例を2つ並列している!!

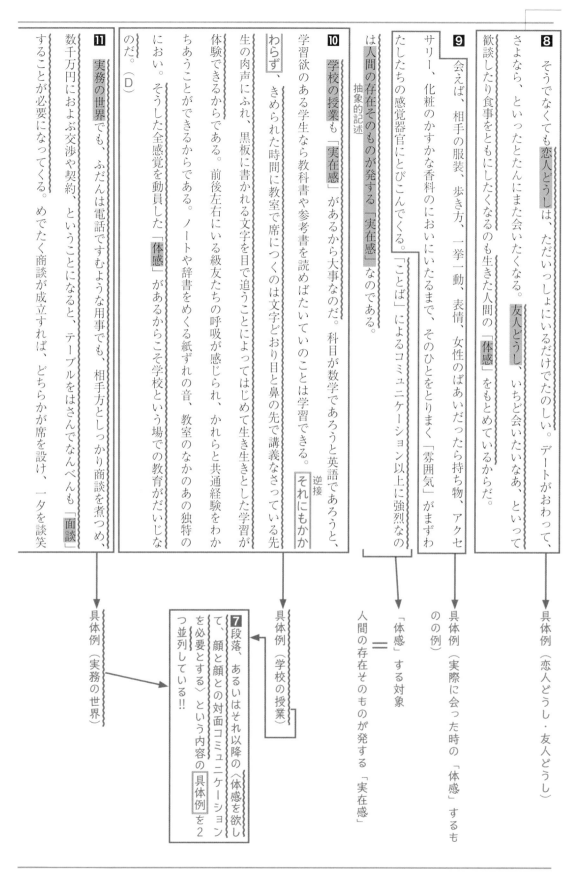

のうちにすごす、といったこともあるだろう。話題はささいな世間話。あとはカラオケといった宴席であっても、一種の皮膚感覚のようなものが相互に刺激されて「交際圏」を強化してくれるのである。

「面談」すなわち「『顔と顔』の対面コミュニケーション」が必要とされる理由を、筆者は、「生身の人間」どうしが至近距離で向き合うことで、おたがいを「体感」するためであると説明します。この「体感」とは、「人間の存在そのものが発する『実在感』」を感じることであり、我々はそれを求めて他者と関わるというわけですね。

本文メモ

- 「顔と顔」の対面コミュニケーションが必要とされる理由
- 生身の人間が至近距離で向き合うことで、たがいを体感するため

＊体感＝人間存在の実在感を感じること

12・13段落

12 そればかりではない。（並立・累加）「体感」によるコミュニケーションはいろんな解釈も可能にしてくれる。（抽象的記述）なごやかな会話をたのしんでいるようにみえても、相手が腕時計に目をむけているのは、そろそろ切り上げたい、ということを意味している。俗に「目は口ほどにものをいい」ともいう。ゴフマン（Erving Goffman）の有名な「顔のはたらき」(face work) もこのような「ことば」にとらわれないコミュニケーションについての考察であった。歌舞伎の名セリフに「互いに見交わす顔と顔……おお、読めた」というのがあるが、ひとが「読む」のは「ことば」だけではない。（抽象的記述）「顔」をはじめ、さまざまな「しぐさ」も読みとる能力をもっているのである。（E）

→具体例（表情やしぐさなどからメッセージを「解釈」する例）

⑬ それに「ことば」が発せられていても、そのことばを体感的にうけとることができないこともある。たとえば不祥事があると、当事者が「このたびは多大のご迷惑をかけ……」と定型文のお詫びのことばをのべ、「再発防止に努力いたします」といって最敬礼する情景にはテレビでよくおめにかかるが、あれはおおむね用意された文章をただ読み上げているだけ。だから、あんまり反省・謝罪の「気持ち」がつたわってこない。そういうとき、謝罪されるほうは、「誠意がない」といって不満をしめす。おおげさに土下座されても体感的にはかえって不愉快だ。ちゃんと謝っているじゃありませんか、といっても無駄である。「巧言令色鮮なきかな仁」ともいう。コミュニケーションというものはやたらにおしゃべりをするからいい、というものではなさそうである。

並立・累加　抽象的記述　例示　順接　抽象的記述

具体例（言葉が信用できない例としての「定型文のお詫びのことば」）

直前までの〈抽象＝具体〉の内容を踏まえた帰結を抽出している!!
＝
コミュニケーションにおいて、言葉は絶対のものではない!!

直前までの話題であった「『体感』によるコミュニケーション」について、そのさらなるメリットが論じられています。顔と顔を向き合わせ、直接的にコミュニケーションをとることで、相手の表情やしぐさからメッセージを読み取ることも可能になるというわけですね。そしてそのことから、筆者は最後に、コミュニケーションにおいては言葉は絶対的なものではないということを主張しています。

本文メモ

- 「体感」によるコミュニケーションのさらなるメリット

＝

- 相手の表情やしぐさから、メッセージを解釈できること

⬇コミュニケーションにおいて言葉は絶対的なものではない！

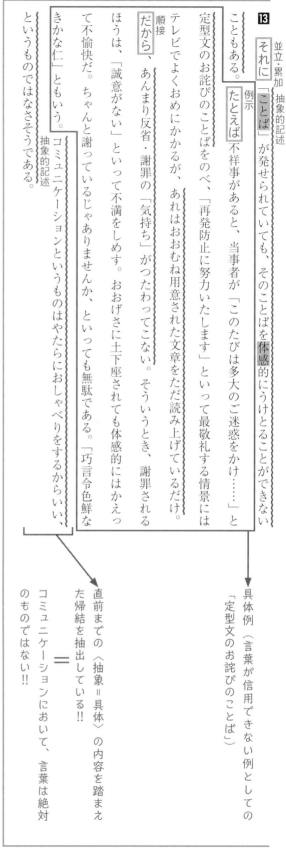

設問解説

問1　傍線部「『顔』あっての人間コミュニケーションなのである」について、それが「どういう意味」であるかを説明する問題です。まず、傍線部を含む段落では、「顔」を含む慣用句を〈具体例〉として、「顔」が「個体識別の有力な手段」であることが説明されています。もちろん、その直前の**4**段落もまた、〈抽象的記述〉や〈具体例〉（＝顔認識）を通じ、同様のことを述べていましたね。そして続く**6**段落では、「外交関係」というこれまた〈具体例〉を通じて、「コミュニケーションには『顔と顔』が物理的、いや生理的に向き合うことが必要なのである」と主張されます。以上の内容を整理すると、〈コミュニケーションを成立させるためには、個体識別の手段である顔を向き合わせることが必要である〉ということになります。つまりは傍線部は、そのような内容を端的にまとめた〈抽象的記述〉であると判断できるわけです。

解くコツ
〈具体例〉と〈抽象的記述〉との関係性に着目する。

● A　コミュニケーションを円滑に進めるためには、仲を取り持つ人の存在が重要だということ。
⇩個体識別の手段としての顔、顔と顔を向き合わせることでコミュニケーションは成り立つ、という両方の点に言及できていません。不正解です。

● B　コミュニケーションの輪に入るためには、いろいろな場に顔を出すことが必要だということ。
⇩個体識別の手段としての顔、顔と顔を向き合わせることでコミュニケーションは成り立つ、という両方の点に言及できていません。不正解です。

● C　人間どうしが直接相手の顔を認識することによって、本当のコミュニケーションが成り立つということ。
⇩右の分析内容を端的に反映した内容になっています。正解です。

● D　自分らしさを大切にして自然に振る舞うことが、コミュニケーションを成功させるためには大切だということ。
⇩「自分らしさを大切にして自然に振る舞う」などということは話題になっていません。不正解です。

問2　本文から抜かれた文を、然《しか》るべき箇所に戻す問題です。いわゆる脱文挿入問題ですね。まず、脱文中に「そういう『体感』」とあるのに着目しましょう。「体感」が初めて話題に挙げられるのは**7**段落ですから、この段階で、（A）と（B）が解答候補から脱落します。そして脱文は、「現実の人間どうしの対面の場」でこそ「深いコミュニケーションをかわすことができる」ということを述べていますが、（E）のある**12**段落は、その話題はもう終えて、「『体感』によるコミュニケーション」が可能とする「解釈」について説明しています。よって候補は、（C）か（D）ということになるわけです。

さて、（D）を含む❿段落ですが、ここは「学校の授業」という〈具体例〉を用いて「体感」について説明しています。そして続く⓫段落も、「実務の世界」という〈具体例〉が挙げられています。つまりこの❿段落と⓫段落は、対をなす二つの〈具体例〉を並立する文脈であると判断できます。そのような対をなすもの同士の中間に、「体感」をめぐる〈抽象的記述〉である脱文を挿入するのは納まりが悪いですよね。脱文と同じく、「体感」と「コミュニケーション」との関係を抽象的に論じている❼段落の（C）が正解となります。

解くコツ

論の展開を正確に把握しておけば、それが設問を解くうえでの根拠になる。

解答

問1　C　　問2　（C）

テーマ 7

引用をどう読むか

▼問題 別冊p28

イントロダクション

〈引用〉とは何か

評論文の筆者は、しばしば、自分以外の誰かの発言を文章中に紹介することがあります。これを、〈引用〉と呼びます。〈引用〉はたいていの場合、カギカッコ（＝「」）内やダッシュ（＝——）の後に紹介されています。あるいは、改行し、1・2段下げて示されることもあります。

〈引用〉の意図

筆者はなぜ、他の人間の意見や考え、あるいは何かしらの情報を〈引用〉するのでしょうか？ その点について考えるべく、次の三つの例文を参照してみましょう。

例1

問い 人間は人間を超える機械を作ることができるのかと問われれば、現段階では、否、と答え 答え ざるを得ないだろう。例示 例えば、目、鼻、耳、舌。物理学者である寺田寅彦も、以下のように述べている。

これらの器官（＝人間の感覚器官 引用者注）の機構は、あらゆる科学の枠を集めたい

引用 → 人間は人間を超える機械を作ることができないという自説を補強している!!

かなる器械と比べても到底比較にならないほど精緻をきわめたものである。

（寺田寅彦『感覚と科学』より）

例2

美学者である中井正一はエッセイ「映画の持つ文法」の中で、映画の特質を「創る人が決して個人でなく、したがって、個人の言葉でなく、集団の創作としてそれが構成されていること」と述べたが、はたしてそうだろうか？ 例えば（例示）絵画や文学も、それが世に出るまでには無数の人間がその制作にかかわっているはずだ。

引用 → 「はたしてそうだろうか？」以降の叙述が批判する対象!!

例3

——日本語指導が必要な高校生等の中退・進路状況については、全高校生等と比較すると中途退学率で7.4倍、就職者における非正規就職率で9.3倍、進学も就学もしていない者の率で2.7倍高くなった。

右は、文部科学省が「日本語指導が必要な児童生徒の受入状況等に関する調査（平成30年度）の結果について」の中で明らかにしたデータである。この数値の意味するところを熟考し、具体的な改善策を提示すること。それこそが本稿の目的である。

引用 → 分析する対象!!

自説を補強するため、批判するため、分析するため……その文章や情報がどのような目的をもって〈引用〉されているかを考えることは、筆者の主張や論の展開を捉えるうえで相当に重要な条件であるとご理解ください。

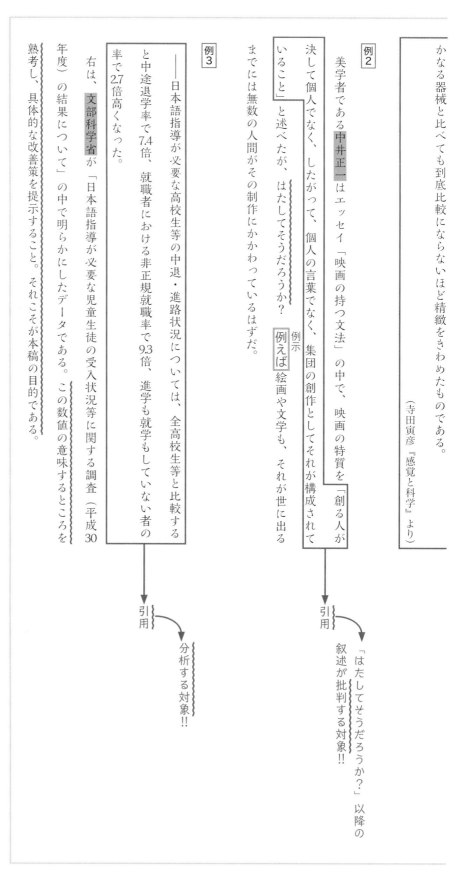

問題解説

本文解説

1〜4段落

1 日本の地域社会は、この四〇年間に、歴史的ともいえる変貌を経験してきた。村の人々が歩き慣らすことで自然にできた田圃のあぜ道や農道、森の小径《こみち》などはすっかり消滅し、車の往来に便利なアスファルトが敷かれるようになる。ボルノーも言うように、都市化の進行とともに、地域の「小径は、道路に変わった」のである。

→ どのように変貌した？

→ 引用　自説を補強しつつ、かつ、「小径は、道路に変わった」と、端的にまとめている!!

2 （逆接）しかし、それは、ただ単に踏み慣らされた自然の道が、人工的な道路に変わることだけを意味しているのではない。重要なことは、「小径」が「道路」に変わることによって、どんな地域の農道さえもが、全国を縦横にめぐる道路交通網の一部に組み込まれてしまったことである。（順接）これによって、「道」の持つ意味とその風景さえもが大きく様変わりした。地域住民の生活に密着し、地域の子どもの遊び場ですらあった「小径」は、地域との一体感を失い、グローバルな交通網の一部となったのである。

→ **1**段落の内容から生じた結果!!
小径↓道路
↓全国の道路交通網に組み込まれる
→ 小径の地域性の喪失

→ 小径の地域性の喪失の帰結!!

3 ボルノーは、こうした「道路」の出現による地域の風景の均質化を指摘している。「道路網は、ますます増大していく自律性を獲得し、家屋という自然的中心のまわりに分節化されている空間とは別の独自の空間を作り出した」。これによって「道路による地域の均質化」が引き起こされる。道路網が整備されていく過程で、地域そのものも「特別の地位と個性を喪失

→ 引用　ボルノーの考えを参照しながら、自説をさらに展開している!!
＝自説の補強

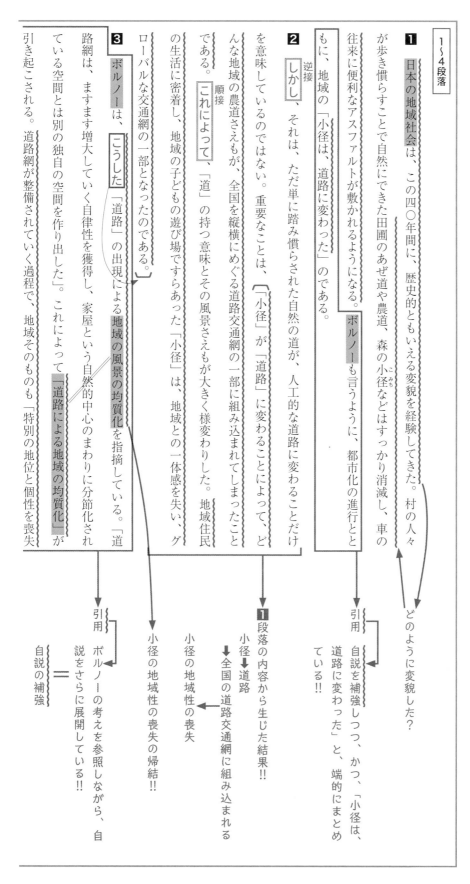

する」ようになる。大人と子どもが共に働き、遊び、集い、住まう共同体としての地域はますます解体の一途をたどり、地域は、単に人が点在し、忙しく移動するだけの空間に様変わりした。それが、地域の均質化をもたらした原因である。

ボルノーの考え方を踏まえて、それを自らの考えとして言い換えている!!

4 ボルノーのいう「地域の均質化」は、具体的には ア 地域の「郊外化」として姿を現す。それまでは、田圃のあぜ道や農道であった道はすっかり舗装されて、市道や県道に変わる。その両側には、広い駐車場を保有するスーパーマーケット、コンビニ、ファストフード店、ガソリンスタンド、レンタルビデオ店などが立ち並ぶ。「小径」が「道路」に変わったこと。それは、それまでは多様な顔をもち愛称や固有名で呼ばれていた小径が、自動車の走行のための単なる路線に変わったことを意味する。小径に固有の顔の喪失は、地域の顔の喪失であり、それは、当然、大人の共同生活を分断するばかりでなく、子どもの生活世界の孤立化を招く要因の一つとなった。

地域の郊外化（＝均質化）

新たな話題！

子どもの生活世界の孤立化

筆者はボルノーの言葉を借りながら（＝〈引用〉しながら）、日本の地域社会の変容について述べています。「小径」が「道路に変わった」ことで、どんな地域の農道も全国的な交通網の一部に組み込まれ、結果として「小径」は地域との一体性を喪失してしまう。そしてこうした過程の中で、地域の均質化がもたらされ、それはさらに、大人の共同生活の分断化のみならず、子どもの生活世界の孤立化につながる、と。

本文メモ

日本の地域社会の変容

- 小径➡道路➡地域の小径が全国的な交通網に組み込まれ、小径が地域性を喪失する➡地域の均質化

帰結 子どもの生活世界の孤立化

5〜8段落

5 まだ社会化されず、制度化されていない子どもの世界体験は、基本的に生命系（自然性）の自己運動の中にある。子どもは、主客未分の混沌状態を含む生命の自己運動において、自然、他者、事物とかかわる。こうしたカオスを含む自己運動のもとに自然を体験し、他者を体験することの重要な特徴の一つは、その体験が秩序づけられた文化や制度に吸収されることなく、むしろその硬直化した秩序を突破する可能性を含む点にある。つねに運動、生成の途上にある生命系が、硬直化した制度や秩序を揺るがすのである。大人から見て、子どもが「他者」や「異文化」として立ち現れるのは、子どもの自己運動の根源に潜む生命エネルギーの横溢《おういつ》するカオスに由来すると考えられる。

6 混沌とした生命系そのものである子どもが「体験する空間」は、決して一義的に整序されたものではない。四面の壁が白で塗り尽くされた病院の個室のような部屋は、清潔であるどころか、子どもにとっては不安と苛立《いらだ》ちを呼び起こす場所である。そこには混沌、無秩序、リズム、運動、一言でいえば子どもの身体が「住み込む」場所がないからである。

7 子どもが「体験する空間」は、道具箱やおもちゃが無秩序に散在する部屋であり、仲間と悪だくみをする秘密のアジトであり、大人の〈教育的まなざし〉をすり抜ける隠れ家（アジール）である。そこには、自分たちだけのトポスがある。自分たちが自在に手を加える可能性に満ち満ちた原野が限りなく広がっている。それは混沌、カオス、偶然性、即興性など、何が起こるか分からない期待とスリルとが複雑に入り混じった空間である。

具体例

子どもの世界体験
＝混沌状態を含む自己運動
←自然や他者を体験
⬇硬直化した制度や秩序を揺るがす

⬇
子どもの体験する空間
＝混沌
何が起こるか分からない⬇期待

8 それは、例えば（例示）下町の細く入り組んだ路地裏であり（具体例）、祭りの日に神社の参道に軒を並べる屋台のすき間であり、樹木がうっそうと茂った薄暗い神社の境内である。そこは、何かの練習や準備のための場所ではない。冒険心がくすぐられ、胸をドキドキさせながら探検する空間である。〔その瞬間瞬間を存分に生きられる場所〕である。子どもという生命系は、こうした場所で、様々な他者、異世界と出会い、不可思議な体験をくぐり抜けることで、生命の自己運動を活発化させる。「生きられる時間」と同様に「生きられる空間」があるとするならば、それは、今述べたような空間の中に出現するはずである。ミンコフスキーは、こう述べている。

> 「ここでいう生きられる空間とは、時間を自己の流儀で型にはめながら、これを解剖し、不動化するような真似はせず、反対に、時間のうちに含まれ、それによって最高度に生気づけられ、そのうちにある動的でダイナミックなものすべてによって充足されるところの空間である」。

5段落の内容の反復

引用 → 筆者による「生きられる空間」の定義とほぼ同じ → 自説の補強!!

様々な言葉で言い換えられていますが、**4**段落で新たに提示された「子どもの生活世界」という話題について、筆者はそれを「混沌状態」と比喩的に表現します。そしてその重要な特徴は、硬直した秩序を揺るがす点にある、と。もちろん「混沌状態」であればこそ、そこは「何が起こるか分からない期待とスリル」に満ちた空間となり、子どもたちはそのような「生きられる空間」の中で、他者や異世界と出会い、生命の運動を活性化させるのです。

本文メモ

- 子どもの生活世界＝混沌状態の空間⬇硬直した秩序を揺るがす！

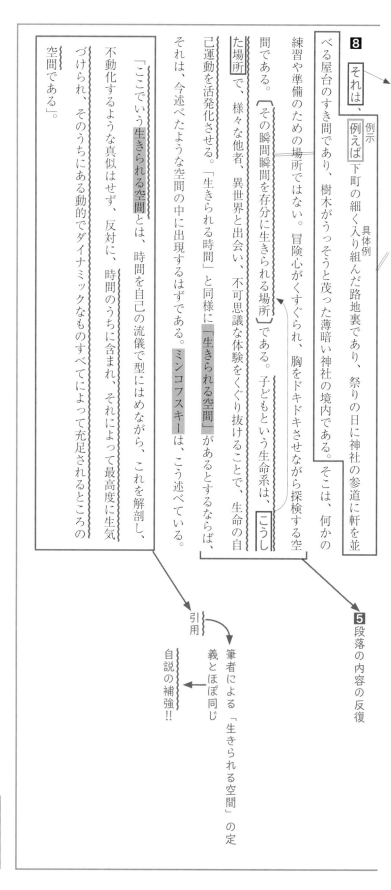

何が起こるか分からない期待とスリルに満ちている!
⬅他者や異世界と出会い、生命の自己運動を活性化!
⬇子どもたちの生活世界=生きられる空間

9〜11段落

9 子どもが「大人になる」ということは、こうした生命系の自己運動が、制度や共同性にすっかり取り込まれることを意味してはいない。たしかに青年期になれば制度化、共同性は無言のうちに要求されるが、しかし(逆接)、それでも混沌とした流動に身を委ねる生命系は生き続けるし、大人になってもその運動は決して絶えることがない。

10 そう考えるならば(結論)、子どもが「生きられる空間」とは、「小径」が「道路」に変わり、トポスの顔が喪失するような均質空間ではないことは明らかである。そこでは、機能性、便利、ムダの排除という制度化のシステムだけが支配して、子どもが「生きられる空間」、つまり生命系としての子どもへの配慮が全く見られないからである。

11 イ子どもという存在は、生命系としての人間の〈原初〉*的形態だといっても過言ではない。子どもが「生きられる都市空間」では、路地裏、迷路、隠れ家、避難所などの起伏に富み、生命の自己運動が活発に行われるトポスを沢山含み込むことが必要である。しかも(並立・累加)、すでに述べたように、生命系の自己運動は、自然、他者、事物との活発な相互交渉の中で行われるもの

➡以上に見てきたような子どものあり方は、大人になっても喪失されるわけではない

➡つまり、**1**〜**4**段落に述べられるような「地域の均質化」は、子どもらの世界を奪う!!

*原初
=根本、最初のあり方

であるとするならば、そこでは、多種多様な「他者」と多様な「物語」が混在し、応答性に富んだ場所であることも必要である。

➡ **1**〜**4**段落に語られる「均質化」された「地域」とは正反対!!

「小径」が「道路」に変わり、「均質空間」と化した状態（**1**〜**4**段落の本文メモ参照）は、「混沌状態」にある子どもたちの「生きられる空間」とは対極にあります。つまりは「均質空間」の出現は、子どもの生活空間の喪失に等しいわけです、さらに筆者の指摘するように、もし大人もまた、どれだけ制度のうちで生きることを要求されようともこうした子どもの論理を有しているなら、「均質空間」は、大人にとっても生きづらい場ということになります。そして筆者は子どもが「人間の原初的形態」すなわち〈人間の元来のあり方〉であると考えているわけですから、そうした空間の出現は、ただ単に子ども的な生の喪失を意味するのみならず、我々が人間的な生を送ることの不可能性につながるかもしれないとも解釈できるわけですね。

本文メモ

- 子どもの空間……混沌状態

↕

- 近年の地域社会……均質空間

➡子どもの生活空間の喪失
&大人も生きづらい社会&人間的な生の不可能性

設問解説

問1 傍線部ア「地域の『郊外化』」を説明する問題です。小径が道路に変わって全国的な交通網に組み込まれたことで、小径が地域性を喪失、ひいては地域の均質化を招く、という流れ（**1**〜**4**段落の本文メモ参照）を端的に圧縮した表現が傍線部「地域の『郊外化』」であることはすぐにわかると思います。

解くコツ

論の展開を正確に把握しておけば、それが設問を解くうえでの根拠になる。

● A 「小径」が「道路」となり、お金を必要とする店などが増え、子どもだけでいられる場所ではなくなったこと

⇩子どもの空間の喪失は、「お金」の問題とは関係ありません。不正解です。

● B 道路網の整備によって人々の目が都市へと向き、地域が子どもの生活世界として機能しなくなったこと

⇩子どもの空間が喪失されたのは、「人々の目が都市へと向」いたからではありません。「グローバルな交通網の一部となった」ことによって「地域の均質化」という帰結がもたらされたことの結果です。不正解です。

● C あぜ道や農道が市道や県道として生まれ変わり、それまでの呼び名にそぐわない新たな空間となったこと

⇩「呼び名」がふさわしいかどうかではなく、「固有名」が失われ、「均質化」していったことが問題なのです。不正解です。

● D 多様な顔を持っていた「小径」が道路交通網に組み込まれてしまい、共同体としての地域から個性が奪われたこと

⇩右の分析を正確に踏まえた内容になっています。これが正解です。

問2 傍線部イ「子どもという存在は、生命系としての人間の原初的形態だといっても過言ではない」を説明する問題です。まず、「原初」は〈ものごとのいちばん初め〉〈根本〉など、そして「過言ではない」は、〈あながち言い過ぎではない〉〈決しておおげさではない〉などの意味です。よって傍線部は、〈子どもは人間の根本的な姿といってもおおげさではない〉という意味を持っていると言えます。ただここまでは、単なる語句・表現の言い換えにすぎません。問題は、この文章中において「子ども」はどのような意味づけをなされていたかということ。それは、**5**〜**8**段落の本文メモでもまとめたとおり、〈混沌状態を生き、秩序に動揺をもたらすもの〉という性質でした。

解くコツ

傍線部中の語句・表現の辞書的な意味もヒントになる。

● A 生命系としての人間のあるべき理想像は子どもにも見出せるという考え方は、言い過ぎではないということ

⇩「人間のあるべき理想像」は言い過ぎですし、「子どもにも見出せる」の「も」はさらに致命的。本文で「人間の原初的形態」とされるのはあくまで「子ども」ですが、「子どもにも」と言ってしまうと、「子ども」以外の存在にも「子ども」同様に「人間の原初的形態」という性質を見てしまうことになります。不正解。

● B 大人になると喪失する生命系の自己運動を、子どもは自身のうちに宿しているというべきであるということ

⇩「大人になると喪失する生命系の自己運動」が不適です。**9**段落に、「大人になってもその運動は決して絶えることがない」とあります。不正解です。

● C　制度化されていない子どもは、生命系としての本来の有り様を表すといってもいいのかもしれないということ

⇩後半は右の分析と完璧に合致します。また、「制度化されていない」という内容も、「混沌状態」を生きるという子どもの生のありようを言い換えた表現とみなすことができます。これが正解です。

● D　子どもこそが元来の人間の有り方を指し示しているという仮説は、間違っているとまではいえないということ

⇩「間違っているとまではいえない」という言い方は、傍線部の「過言ではない」の言い換えとしては認められません。「間違っているとまではいえない」は消極的な肯定、「過言ではない」は積極的な肯定を、それぞれ意味します。不正解です。

解答

問1　D

問2　C

テーマ 8 比喩をどう読むか

▼問題 別冊 p.32

イントロダクション

〈比喩〉とは何か

〈比喩《ひゆ》〉とはもちろん、たとえ表現のことです。「ようだ」「みたいだ」などの言い方でそれが〈比喩〉であることを明らかに示す〈直喩《ちょくゆ》〉や、「彼女はバラだ」のように、「ようだ」「みたいだ」などの言い方を用いない〈隠喩《いんゆ》（＝暗喩《あんゆ》・メタファー）〉、それに、「海が笑った」のように、人でないものを人にたとえる〈擬人法〉などが、代表的な〈比喩〉ということになります。

〈比喩〉の解釈

評論文の筆者は、しばしば、何かしらの〈比喩〉を用います。〈比喩〉を的確に使うことができれば、読み手の脳裏にしっかりと印象を刻むことができますからね。ですから、評論文中の〈比喩〉は、基本的には情報価値の高い箇所、筆者がとくに注目してほしいと考えているところに用いられている可能性が高いということになります。

例1

その誕生当時はローカルなシステムに過ぎなかった資本主義は、その後の歴史のなかで、世界の隅々にまで広がっていくことになる。その運動の織り成すネットワークは、あたかもクモの糸のように、世界のすべてをからめとるのだ。

比喩

資本主義が作り出す世界的なネットワークを「クモの糸」にたとえている

→ 結果として、〝絶対に逃れられない〟というイメージが付加されている!!

例2

比喩Ⓐ 地球を天然資源の貯蔵庫とみなすならば、現段階で、比喩Ⓑ その倉庫に積み置かれているストックは、もうそんなに数多くはないだろう。そして、このままではいずれ近いうちに、比喩Ⓒ 最後の一箱が運び出されてしまうXデーがやってくることになる。

Ⓐ「地球」を「天然資源の貯蔵庫」にたとえている
Ⓑ「天然資源」を「ストック」にたとえている
Ⓒ「天然資源」がなくなってしまうことを、「最後の一箱が運び出されてしまう」とたとえている
⬇これらの比喩を用いることで、読み手は「天然資源」の問題をより身近なものとして感じることができる!!

例3

近代国家というものは、国民という概念を基盤として成立する。そしてその国民は、個別性をはく奪された比喩Ⓐ のっぺらぼうのような存在としてイメージされるのだ。比喩Ⓐ 大量ののっぺらぼうたち――均質な人間の大集団が国民としてたばねられるとき、そこに、比喩Ⓑ 国家という化け物が誕生するのである。

「国民」を「のっぺらぼう」に（＝Ⓐ）、「国家」を「化け物」に（＝Ⓑ）たとえている
⬇〝気味の悪さ〟が印象づけられる!!

時として、〈比喩〉の解釈は、その文章の主張を正確に理解するうえでのカギとなります。その〈比喩〉を含む文脈や、〈比喩〉に用いられている語句がもともと持っていた意味なども参照し、丁寧に読み取ることを心がけましょう。

問題解説

本文解説

1・2段落

❶ 人間の歴史を異なる倍率の拡大鏡で見るとしよう。歴史の全体を視野に収めるような低

→「人間の歴史」を見る見方を「拡大鏡」に

倍率のレンズなら、そこに見えるのは火の獲得とか農耕の開始とか、民族の大移動とか、エルサレムやローマのような長い歴史をもつ都市のあり続ける様が見えるだろう。倍率をあげていくと国家の成立なども見えてくるかもしれないが、王朝の交代や王の代替わりは、もっと倍率をあげないと見えてこない。ましてや、ある戦争の開始から終結までの細かいプロセスなど、もっとずっと倍率をあげないことには見えてこない。**ただし**（補足）、高倍率のレンズで見るときには、低倍率のレンズでは見えていた歴史の巨視的な変化は背景化して見えなくなる。

2 **だが**（逆接）**それ**は、単に歴史を観《み》る眼《め》の倍率の問題ではない。そうした時間の尺度をとったときに見えてくる、変動の異なるペースをもつ複数の層が社会にはあるということだ。そこには長期的に変化する層、言い換えれば短期的には変動しない／しにくい安定した様相を見せる層もあれば、ごく短期的に変動してゆく層もあり、それらの間に様々なペースで変化してゆく層がある。重さの違う液体や粒子が積み重なった流れのように、軽い表層はさらさらと速く流れ、その下のより重い層はもっとゆっくり流れ、底に近い部分はほとんど静止してみえるようにごくゆっくりとしか動かない。そんな異なる変動のペースと安定性をもった流れの諸層の積み重なりとして、社会は存在しているのだと考えてみよう。

たとえている。

「人間の歴史」の見方には、
- 巨視的な変化を捉える見方

&

- 細かいプロセスを捉える見方

の二つがある！

以下に、もっと重要なこと!!

直前の内容を、さらにくわしく言い換えている。

「流れ」という比喩を用いて、直前までの内容をよりイメージしやすく言い換えている!!

筆者はまず「拡大鏡」という〈比喩〉を用いて、「人間の歴史」には「細かいプロセス」と「巨視的な変化」があることを読み手に印象付けますが、**2**段落ではそこから話題をさらに展開し、「社会」には「長期的に変化する層」・「短期的に変動してゆく層」・「様々なペースで変化してゆく層」の「複数の層」があることを強調します。その点についても、「重

本文メモ

- 人間の歴史……巨視的な変化
  &
  細かいプロセス

さの違う液体や粒子が積み重なった流れ」という〈比喩〉で読み手に鮮烈なイメージを残そうとしていますね。つまりここは、本文の主張を読むうえで、とても大切な情報である可能性が高いわけです。

⬇こうした時間の尺度
⬅
⬇社会に、変動の異なるペースを持つ複数の層が見えてくる
- 長期的に変動する層＝短期的には変動しない／しにくい層
- 短期的に変動してゆく層
- 様々なペースで変動してゆく層

3段落

❸ 見田宗介はこうした社会の流れの積み重なりを、「流れ」ではなく「積み重なり」の方に焦点を合わせて、生命としての人間を基層に、言語と道具の獲得が生み出した第二の層、農耕の成立という第一次産業革命が生み出した第三の層、工業化を可能にしたいわゆる「産業革命」である第二次産業革命によって形成された第四の層、そして情報化を生み出した第三次産業革命を通して形成されてきた第五の層からなる五層構造のモデルで捉えたうえで、それに対応する人間理解のモデルを次のように述べている。

どのように「現代的」な情報化人間もまた同時に「近代人」である。〈*個我の意識や合理的な思考能力をもって世界と対峙《たいじ》する力、時間のパースペクティブの中で未来を見とおす

直前までの内容をベースとして、見田宗介の考え方を紹介
社会……五層構造
⬇この観点から「人間」を考えてみる!!

現代人も近代的な要素を持っている
＊"合理性・時間の視点で未来を見る（進歩主義）こと"は、近代的なものの見方の代

力〉を身にそなえている。どのような「近代人」もまた特定の「文明」の人間である。ヨーロッパや中国やインドやアラブの文明圏の、幾千年にもわたって熟成されてきた言語や文化や感性によって色づけられた精神の地層をどこかに持っている。どのような「文明」の人間もまた、原初以来の「人間」という類に普遍する、言語能力と制作能力、社会感情というべき心性と能力と、これを支える身体特性を共有している。そして どのような先端的な「現代」人間も、食べること、飲むこと、呼吸することなしには生きつづけることはできないし、生命潮流の増殖する衝動によって活性化された感受性をもって、世界を美しいものとして彩色する力をその存在の核心部に充填《じゅうてん》されている。

（『人間と社会の未来』）

表例!!

→近代人も、それ以前の長い歴史の中で育まれてきた文明を有している

並立・累加

→どんな人間も、先行する層の延長線上に存在している!!

2段落で提示された「社会」に存在する複数の「層」について、この段落では、見田宗介の考え方を紹介しながら「五層構造のモデル」として整理します。そしてそれを「人間理解のモデル」へと応用するわけですが、引用されている見田宗介の文章を読めば、どんな人間も、先行する層を土台として、その延長線上に位置する者として存在する、ということを言っているのだとわかります。

本文メモ

- 五層構造のモデル→第一の層＝生命としての人間
  - 第二の層＝言語・道具の獲得が生み出した層
  - 第三の層＝農耕の成立が生み出した層
  - 第四の層＝工業化が形成した層
  - 第五の層＝情報化が形成した層

→人間は、自己の属する層のみならず、それに先行する層を土台としてその延長線上に存在する!

例 現代人（第五の層を生きる存在）も、近代（第四の層）的な考え方や生命としての人間（第一の層）の性質を有している。

4・5段落

4 〔この五層は、下のものほどゆっくりと変動し、上にいくに従ってより速く変動してゆく部分を含む。もちろん、個々の層の中にも速度の異なる部分があるし、同じ層に属するものでも地域や集団によっても変わりやすさや変動の速さは異なっている〕。こうした歴史の〈共時的〉な複線性＊について、日本民俗学の創唱者・柳田国男は次のように述べている。

> 前代というものは垂氷《つらら》のように、ただところどころにぶら下がってきているのではないか。たとえば松の火を燈火にしている山村は、現に今度の戦争中（＝第二次世界大戦中）まであった。松の火より以前は考えられないから、これは上代の生活形態だというと、それは足利時代をずっと通りこして、土地によっては昭和の世まできている。燈火の時代別などはできるものではないが、それは決して物質生活に限らず、婚姻でも氏族組織でも、ある土地はすっかり改まり、他のある土地では以前のままでいる。時代区分などはなく、ただ順序があるのみである。
> （『民俗学から民族学へ』）

5 柳田のこの言葉を解説して内田隆三は、「物や、身体や、言語の現象のなかに、いくつもの重なり、累積する時間が現れる」のであり、それは「過去の時間を持ち越して存在する大きな『現在』」なのだと言う（『柳田国男と事件の記録』）。しかも（並立・累加）そこでは、「日本」と呼ばれる同じ（と見なされる）社会のなかでも、「ある土地はすっかり改まり、他のある土地では以前のままでいる」という時間差があるのだ。

＊共時的
＝時を同じくしている様子
⇩歴史の共時的な複線性
＝それぞれの速度を有する歴史の各層が、同じ時代に同時に存在している状態

引用→「歴史の共時的な複線性」の詳細な言い換え

ここも、内田隆三の言葉を借りて、「歴史の共時的な複線性」を言い換えているだけ!!

同じ社会にも、変動の遅い場所と変動の速い場所が現れる。

「五層構造のモデル」を応用しながらの展開が続きます。この五層は、下層ほど変動のスピードは遅くなり、上層ほど速くなるのですが、実は個々の層のなかにも変動の速度の差異があり、さらに、地域や集団の違いによってもそれは異なります。そうした「歴史の共時的な複線性」、すなわち時を同じくする場にいくつもの時間の流れが「累積」している状態が、柳田国男や内田隆三の言葉を引用しながら説明されてゆくわけですね。最後に、同じ社会のなかにも変動の遅い土地と速い土地との差異が現れるということが指摘されていますが、これはもちろん、時を同じくする場にいくつもの時間の流れが「累積」している状態があればこそ、一つの社会に時間の流れが遅い層が現れたり時間の流れが速い層が現れたりするということになるはずです。

本文メモ

- 五層構造のモデル……下層ほど変動のスピードは遅く、上層ほど速い
  - &
  - 各層にも変動の速度の差
  - &
  - 地域や集団の違いによっても異なる
- ＝歴史の共時的な複線性
- ⬇
- 同じ社会のなかにも時間の流れが遅い層と速い層が！

設問解説

問1 傍線部ア「変動の異なるペースをもつ複数の層が社会にはある」を説明する問題です。ただしこれは、本文の中で〈比喩〉や〈引用〉なども用いながら何度も繰り返されてきた最も重要な情報、すなわち一つの社会は、先行するいくつもの時間の層から成り立っており、そして各層の変動の速度は、〈遅い／速い〉の違いがあるという主張を端的に言い換えたものであるとすぐにわかるはず。

解くコツ

論の展開を正確に把握しておけば、それが設問を解くうえでの根拠になる。

● A　どんな社会の発展にも普遍的な共通性がみられるため、それを探し出すことで多くの社会に共通する変化に乏しい層をたぐり寄せ、現代においてリアルに再現できるということ。

⇩「変化に乏しい層」つまりは下にある層（＝古い時代）の「再現」などは、本文のどこにも主張されていません。

● B　ある社会が複数の歴史の層を多元世界として実現することがあり、そのような特殊な状態にある社会の成員が、リズムの異なる多元世界を自由に旅することができるということ。

⇩「複数の歴史の層」の実現は「ある社会」でのみ見られる「特殊な状態」でなく、あらゆる社会に認められるものです。不正解。

● C　どの社会に生きる人々も速さの異なる歴史の様々な段階を学ぶことができるため、その社会が経てきた今日に至るまでの経緯を、実際に経験したかのように実感できるということ。

⇩「実際に経験したかのように実感できる」という箇所が誤り。そのような話題はどこにも書かれていません。

● D　いろんな社会の成員には、変化の速度が異なる過去の諸層が記憶として蓄積されており、互いに語り合うことで、一つ一つの層の記憶がまざまざと蘇《よみがえ》る場合があるということ。

⇩「互いに語り合うことで、一つ一つの層の記憶がまざまざと蘇る場合がある」がまったくの無根拠。

● E　それぞれの社会を構成する多様な要素には、変動の速さが違う複数の歴史の層が現在も姿をみせており、歴史に向かう態度を変えれば、それらを呼び込むことができるということ。

⇩前半は、右に分析した内容に完全に合致します。また、「歴史に向かう態度を変えれば、それらを呼び込むことができる」という箇所は、少々わかりづらい表現ではありますが、傍線部直前の「そうした時間の尺度をとったときに見えてくる」などを踏まえた内容であると考えられます。これが正解です。

問2　傍線部イ「『日本』と呼ばれる同じ（と見なされる）社会のなかでも、『ある土地はすっかり改まり、他のある土地では以前のままでいる』という時間差があるのだ」を踏まえ、そのような「時間差」が生じる理由を問う問題です。ここは、**4**段落～**5**段落の**本文解説**で触れた、時を同じくする場にいくつもの時間の流れが「累積」している状態があればこそ、一つの社会に時間の流れが遅い層が現れたり時間の流れが速い層が現れたりするという点が根拠となるはずです。

解くコツ

論の展開を正確に把握しておけば、それが設問を解くうえでの根拠になる。

● A　同じ社会の中にある複数の歴史の層が、異なる混合状態を作り出して文化の程度に格差を生じさせるから。

⇩「文化の程度に格差を生じさせる」が不適。「格差」は〈上／下〉などの序列を意味しますが、筆者は各社会のありようにそのような上下関係を想定してなどいません。

● B　同じ社会の中にある複数の歴史の層が、変化が速い場所と遅い場所の速度の差として現れることがあるから。

⇩右の分析に最も近い内容となっています。これが正解です。

● C　同じ社会の中にある複数の歴史の層が、開発や進歩の度合いの差といった単線的な時間の流れへと変換されるから。

⇩「単線的な時間の流れへと変換される」が、本文とは正反対の内容です。筆者は逆に、「歴史の共時的な複線性」をこそ主張していました。

● D　同じ社会の中にある複数の歴史の層が、まったく変動しない文化と変動を求める文化の共存を認める場合があるから。

⇩「まったく変動しない文化」が誤り。社会には複数の層がありますが、「短期的には変動しない」層というのは、逆に言えば「長期的に変化する層」なのです。

● E　同じ社会の中にある複数の歴史の層が、伝統を守る地域と絶えず変化する地域の価値観の違いと対応しているから。

⇩「価値観の違い」に関しては、本文ではまったく話題にされていません。不正解です。

解答

問1　E

問2　B

テーマ 9

文章全体の構造をつかむ

▼問題　別冊p.36

イントロダクション

文章には〈構造〉がある

文章、とりわけ入試に出題される評論文は、だらだらと適当に書かれているわけではありません。ここでこのように問題を提起し、ここで具体的に論証する、そしてここでいったんそれをまとめて、ここで主張を述べる、というように、各ブロックがそれぞれの役割を担い、そしてそれらが結合することで、一つの文章が成り立っているわけです。このような〈構造〉に着目することは、文章を読むうえでも、そして問題を解くうえでも、きわめて重要な観点となるのですね。

より具体的に、〈構造〉とは？

文章の〈構造〉という概念を理解するうえでイメージしやすいのは、起承転結という考え方でしょう。ただしこれは、文学を創作するうえで踏まえるべき〈構造〉であり、評論文の場合なら、序論・本論・結論といった言い方がふさわしいということになります。序論＝問題提起やテーマの設定、本論＝具体的な論証、結論＝主張、というイメージでとらえておけば間違いありません。ただ、実際の文章の〈構造〉はそんなワンパターンなものでないということは、強調しておきたいと思います。

例1

時間が客観的な指標として意識され始めたのはいつのことか。

→ 問題提起（＝序論）

かつて一般の人間たちは、「お腹がすいたからお昼」など、自らの身体で時間を感じていた。当然そうした時間は、各人によって異なる主観的な時間であった。ところが近代に入ると、時計という装置で〈たった一つの時間〉が皆に共有されるようになる。

→ 具体的な論証（＝本論）

時間は、近代に入ってから客観的なものとなったのである。

→ 主張（＝結論）

例2

人間の見る世界だけが世界だと考えるのは、間違いである。

→ 主張（＝結論）

例えばモンシロチョウは、人間の見ることのできない紫外線を見ることができる。この昆虫は、我々と同じ空間に生きながら、その目に見ている世界は我々の網膜に映るものとは明らかに異なっているのだ。

→ 具体的な論証（＝本論）

例3

「夜に口笛を吹くと蛇がくる」、「抜けた歯は天に向かって投げると丈夫な歯が生えてくる」などという伝承はどう考えても非合理的なオカルティズムであり、現代的価値観にはそぐわない。しかし、かつての人々は、こうした伝承を皆で共有することで自らの共同体を維持してもいたのである。

→ 具体的な論証（＝本論）

我々が非合理と考える前近代的な考え方にも、ある種の合理的な役割を認めることができるのだ。

→ 主張（＝結論）

以上、三つの典型的な〈構造〉について紹介しましたが、繰り返しますが実際には、もっといろいろなパターンの文章が存在します。ですから、「文章の冒頭段落か最終段落に主張が書かれている！」などという短絡的な発想は絶対に捨ててください。むしろ、その文章がどのような〈構造〉を持つのか——すなわち、どこでどうテーマを設定し、論証し、主張しているのか——を自力で把握していくことこそが、読解という行為の本質なのです。

問題解説

本文解説

1・2段落

1 小さなこどもにとってあそびは生活そのものであって、あそぶことは生活のすべてと言っても言い過ぎではない。脳科学では8歳頃までに人間の脳の90%が完成するといわれる。その期間内にあそびによって開発される能力は5つあると考えられる。第一は「身体性」、第二は「 a (3)」、第三は「 b (2)」、第四は「 c (3)」、第五は「 d (3)」である。

→ 脳のほとんどが完成する〝こども期〟において……
あそび → 5つの能力を開発!!

2 小さなこどもはあそびを通して知らず知らずのうちに体力や運動能力を開発していく。それらを運動生理学から粘り強さ、巧みさ、力強さという3つの側面で評価している。速さなどの筋力等の力強さはもちろんだが、体をうまく使う技巧性という点もあそびの中で身につけていく。また粘り強さという持久力や耐久力や我慢する力も、かくれんぼや馬とび等のさまざまなあそびを通じて総合的に身につけていくことができる。**そして**（並立・累加）それは単に身体性の開発

❶ 身体性
＊❷〜❺はまだ不明!!

→ 「身体性」についての詳しい説明!!

だけでなく、困難を乗り越える力、挑戦性につながるものであると考える。」

1段落がいきなりの空欄の連続で、少々面食らったかもしれません。ただきちんと読めば、人間の脳のほとんどが完成すると言われるこども期において、あそびによって開発される能力が列挙されているということはわかるはずです。もちろんその一つ目が「身体性」で、それについて詳細を説明するのが**2**段落という構成になっているわけです。

本文メモ

- こども期……脳の90%が完成する

↑

この期間内にあそびによって開発される5つの能力

❶ 身体性　❷ [a]　❸ [b]　❹ [c]　❺ [d]

3〜6段落

3 1986年に出版された、アメリカの作家ロバート・フルガムの『人生に必要な知恵はすべて幼稚園の砂場で学んだ』は、全世界でベストセラーになった。

（以下、フルガムの引用に基づく論証）

4 仲良くしたり、ケンカをしたら仲直りをする方法は学校の授業で学ぶことではなく、こどもの頃に群れてあそぶことによって学ぶのだということを一言で言い切ったタイトルが多くの人の共感を得た。人間関係は集団あそびの中で学ぶことができる。みんなと一緒にあそび、過ごすことの重要さは、社会性の開発という点でもきわめて大きい。

（あそび➡「社会性」の開発）

5 こどもは自然の中でのあそびで、情緒性や感受性という感性を開発していく。（抽象的記述）自然には生命があり、生と死、そして季節や時間の中での変化がある。その中で多くのこどもは美しさや悲しさを学んでいく。

（具体例　「感性」の内容を詳しく説明している!!　あそび➡「感性」の開発）

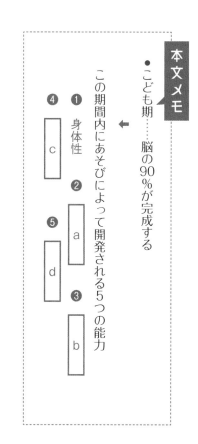

6 太陽の光、水によって育まれる植物、成長する動物だけでなく、火、水や土との関係性を直感を含めて理解する。夕日の美しさに驚く、そのような感動の体験は深く、こどもの記憶に刻まれる。やさしさ、思いやりという他者に対するいたわりの気持ちも自然の中での生命の営みを通じて理解される。

3・4段落は、あそびによって開発される第二の能力「社会性」について言及しています。また、5・6段落ではさらに、こどもはあそびの中で「感性」を開発してゆくと述べられている。これがもちろん、第三の能力ということになるでしょう。

本文メモ

- こども期のうちにあそびによって開発される5つの能力

❶ 身体性　❷ 社会性　❸ 感性

❹ c　❺ d

7〜11段落

7 イギリスの動物学者デズモンド・モリスは著書『人間動物園』の中で、「あそびは創造性の開発をボーナスとしてもたらす」と述べている。彼は若いチンパンジーの檻の中にイスや机を入れながら、そのあそび方を観察して、新しいあそびを発見していく様子からそのような結論を導き出した。

引用

あそび➡「創造性」の開発

8 あそびは強要されるものではない。自発的なもの、自立的なものである。そのような自由な行動の中で、おもしろいあそびを発見すると、それを繰り返し、よりおもしろいあそびに進化させていく。

〝あそび➡「創造性」〟の流れを詳しく言い換えている!!

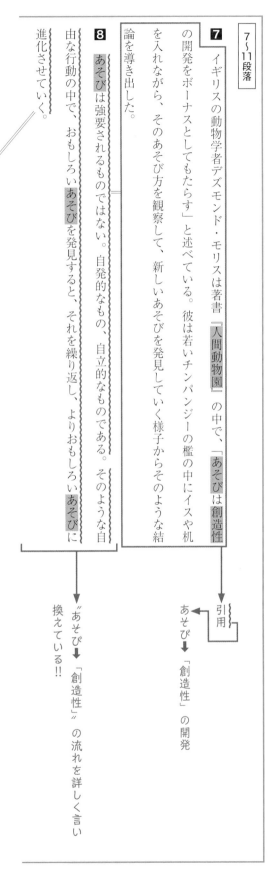

9 あそびにはつくることのおもしろさがある。夢中でつくり続ける。それが創造性を開発する。また想像性も開発する。想像の世界という別世界に入っていけることがこどもの特長である。ごっこあそび等はその典型だが、変身する、見立てる等、自己を想像の中に投入することができる。そのあそびが想像性と創造性を開発する。

（並立・累加）

→「想像性」も!!

10 小さなこどもはさまざまなあそびから新しいあそびを発見する。保育学者の塩川寿平氏はそれを「名のないあそび」と名づけている。この「名のないあそび」はこどもによってつくられた新しいあそびだ。そのあそびはこどもの創造性の開発がもたらしたものだ。

（具体例）

→これも、要は「創造性」

→「創造性」と「想像性」という二つのキーワードがあるが、この着地点から考えると、メインは「創造性」!!

11 こどもは小さな山があれば登ろうとする。小さなトンネルがあればもぐろうとする。道の先に一本の丸太が横たわっていれば、それに飛び乗りたくなる。こどもはあそびを通して挑戦する力を養い、おもしろがり、楽しむ力を養う。自らも、また他の者と一緒にやってみようという挑戦性を開発していくと考えられる。それは〝意欲の開発〟と言っても良いと考える。

（抽象化）

→あそび⬇「挑戦性」の開発

7〜**10**段落における、あそびは強要されるものではなく、自発的な、自立的なものであるために、こどもたちの「創造性」の開発につながる、という指摘はおもしろいですね。「想像性」という概念も出てきますが、モリスの『人間動物園』では「創造性」にのみ言及し、そしてこの話題の結びとなっている**10**段落でもまた「創造性の開発」と述べているので、筆者の着目する第四の能力は、「創造性」と考えて問題ないでしょう。

また、**11**段落では「挑戦性の開発」について説明されていますが、もちろんこの「挑戦性」が、第五の能力ということになります。実はこの「挑戦性」という話題については、**2**段落でもさっと触れられていました。あれは、この段落に向けての伏線だったということですね。

本文メモ

●こども期のうちにあそびによって開発される5つの能力

❶ 身体性　❷ 社会性　❸ 感性

❹ 創造性　❺ 挑戦性

12～15段落

12 学力のような能力を認知能力といい、記憶したり、計算したりする能力を多く示す。（対比）これに対し、交渉したり、我慢したり、気遣ったりする能力を非認知能力という。ア

> 交渉……**4**段落に詳しい説明
> 我慢……**2**段落に詳しい説明
> 気遣い…**6**段落に詳しい説明
>
> → 非認知能力＝あそびによって開発される5つの能力

13 この非認知能力の重要性を指摘したのは、ノーベル賞を受賞したアメリカの経済学者ジェームズ・ヘックマンである。彼はペリー計画という就学前教育の研究プロジェクトで「こどもの育ちが人生にどのように影響するか」を経済学的な立場で調査し、明らかにしたが、「幼児期の高い質の保育が、きわめて重要である」という結論を出している。（換言）すなわち6歳ぐらいまでの段階で高い質の保育が与えられることにより、非認知能力が形成され、それが将来のさまざまな困難を乗り越えていく力となることを証明した。

14 非認知能力の多くは、こどもの集団あそびの中で形成されることが知られている。（並立・累加）しかもこの重要な能力は、幼児の段階に獲得される必要があることが、多くの研究者、識者からも指摘されている。

> 引用
> ヘックマンや他の研究者、識者の考えを参照しながら、**1**段落の内容をよりていねいに説明しなおしている!!

15 学力は6歳以降の小学生、中学生、高校生の段階でも開発されるが、この非認知能力は、性格、習慣として獲得されるため、イ幼児の段階が重要である。大きくなってからでは獲得され

> 直前までの内容を反復！

にくいものといわれている。こどもは集団あそび、自然あそびを通して、この非認知能力を獲得していくものと考えられる。テレビやパソコン、スマホでは、こどもはこの非認知能力を高めることができない。こどもを外に出して、自然の中で、こども集団の中で遊ばせよう。

ここまでの分析を踏まえ、最後に主張を述べている!!

ここでのキーワード「非認知能力」については、「交渉したり、我慢したり、気遣ったりする能力」と説明されています。「交渉」は「仲良くしたり、ケンカをしたら仲直りをする方法」(❹段落)と関わってきますから、おそらく「社会性」に属する能力かと思われます。「我慢」については、❷段落に「粘り強さという持久力や耐久力や我慢する力」とありますから、「身体性」にかかわるものと判断できますね。そして「気遣ったりする能力」に関しては、❻段落に「思いやりという他者に対するいたわりの気持ち」とある以上、「感性」の一例として挙げられているのでしょう。つまりここでいう「非認知能力」とは、これまで詳しく述べられてきた身体性・社会性・感性・創造性・挑戦性という5つの能力をまとめた概念のことだと理解してよさそうです。そしてそういった能力が幼児の段階であそびを通して獲得される、と言っているのも、❶段落中の「その期間内にあそびによって開発される能力は5つあると考えられる」という記述と言い換え対応していると考えられます。つまりこの文章は、冒頭(❶段落)で提示した内容をいったん具体的に論じ(❷〜⓫段落)、それを最後にまたまとめる(⓬〜⓯段落)という、いわゆる〈抽象/具体/抽象〉の構造をとっているわけですね。それを踏まえて筆者は最後に、「こどもを外に出して、自然の中で、こども集団の中で遊ばせよう」と主張するのです。

本文メモ

- こども期のうちにあそびによって開発される5つの能力

❶ 身体性　❷ 社会性　❸ 感性
❹ 創造性　❺ 挑戦性

＝ 非認知能力

⬇こどもを外に出して、自然の中で、こども集団の中で遊ばせることが大切!

設問解説

問1 本文を「七つの意味段落」に分けることを要求する問題です。ここまでの**本文解説**や**本文メモ**を踏まえて本文全体の構造を整理すると、七つある意味段落の展開は、以下のように把握できるはず。

1番目 ❶段落　こども期にあそびによって開発される5つの能力
2番目 ❷段落　5つの能力の第一＝身体性
3番目 ❸・❹段落　5つの能力の第二＝社会性
4番目 ❺・❻段落　5つの能力の第三＝感性
5番目 ❼〜❿段落　5つの能力の第四＝創造性
6番目 ⓫段落　5つの能力の第五＝挑戦性
7番目 ⓬〜⓯段落　こども期にあそびによって開発される〈5つの能力＝非認知能力〉➡あそびの大切さ

解くコツ 論の展開を正確に把握しておけば、それが設問を解くうえでの根拠になる。

問2 いわゆる空欄補充問題ですが、こども期にあそびによって開発される5つの能力を、本文の展開にのっとって整理せよ、という作業が求められているとわかります。そしてその整理については、**本文解説**や**本文メモ**で、すでにまとめましたね？　すなわち、

こども期のうちにあそびによって開発される5つの能力

❶ 身体性　❷ 社会性　❸ 感性
❹ 創造性　❺ 挑戦性

というまとめをそのまま根拠にすればよいのです。

解くコツ 論の展開を正確に把握しておけば、それが設問を解くうえでの根拠になる。

問3 傍線部ア「気遣ったりする能力」の言い換え表現を探す問題です。抜き出し問題というのは、どこに答えがあるかわからない以上、最終的には〝気合い〟で見つけるしかないという側面もあるのですが、それでもぎりぎりまでは論理的に考えたい。「気遣ったりする能力」は「非認知能力」の一例であり、そうした「非認知能力」を具体的に説明しているのが❷〜⓫段落までの範囲なのですから、傍線部の言い換えも、❷〜⓫段落までにある可能性が高いですよね。さらに、「気遣ったりする能力」は「感性」に属する力であるわけですから、答えのありか

も**5**・**6**段落に絞り込めるわけです。あとは指定字数にぴったりの「他者に対するいたわりの気持ち」という箇所を探し出すだけです。

解くコツ
論の展開を正確に把握しておけば、それが設問を解くうえでの根拠になる。

問4　この問題もまた、本文全体の構造を把握していると一気に解きやすくなったはずです。**本文解説**の最後で触れた通り、この文章は、〈抽象＝**1**段落／具体＝**2**〜**11**段落／抽象＝**12**〜**15**段落〉という構造をとっています。このパターンにおいては、最初の〈抽象〉と最後の〈抽象〉が、同じような内容の反復になっている可能性があるんですね。ですから、**1**段落にもどって、後は「幼児の段階が重要である」と主張する「論拠」を見つければいい。もちろんそれは、「脳科学では8歳頃までに人間の脳の90％が完成するといわれる。」という一文になります。「8歳頃までに人間の脳の90％が完成する」から「幼児の段階が重要である」と、きちんとした因果関係を作っていることがわかります。

解くコツ
論の展開を正確に把握しておけば、それが設問を解くうえでの根拠になる。

解答

問1　2番目＝**2**　3番目＝**3**　4番目＝**5**　5番目＝**7**　6番目＝**11**　7番目＝**12**

問2　a＝社会性　b＝感性　c＝創造性　d＝挑戦性

問3　他者に対す

問4　脳科学では

第2章

テーマ10　文中における語句の定義を把握する

▼問題　別冊p40

イントロダクション

〈辞書的な意味〉と〈固有の意味づけ〉と

現代文を読解していくうえで、語句の意味を多く知っておくことは、もちろんとても大切です。ただ、しばしば文章の中では、筆者が独自の意味づけを与えた語句や表現に出会うことがあります。それを辞書の意味のまま読み進めてしまっては大変な誤読になってしまうので、筆者による〈固有の意味づけ〉は、しっかりと読み取る必要があります。

文章読解における〈固有の意味づけ〉の重要性

何らかの語句や表現について、辞書通りの意味ではなくわざわざ自分なりの〈固有の意味づけ〉をして用いる以上、その語句や表現は、筆者が自らの主張を展開するうえで、非常に重要なものである可能性があります。いわゆる、キーワードですね。なんであれ、その正確な解釈は、読解の鍵となるわけです。

辞書的な定義

社会

- 人々が集まって組織を作り、共同生活をする集団。

（『明鏡国語辞典』より）

辞書による一般的な定義

- 人々の集まり。人々がより集まって共同生活をする形態。また、近代の社会学では、自然的であれ人為的であれ、人間が構成する集団生活の総称として用いる。家族、村落、ギルド、教会、階級、国家、政党、会社などはその主要な形態である。

（『精選版　日本国語大辞典』より）

人間は単に生きるのではない。人間は生きるために「社会」を作り、自分で作った「社会のなかで」生きる。ここでいう「社会」という用語は、広い意味での「社会」で、もっとも平凡な言い方では人と人の「つきあい」であって、この意味では「社会」を「共同体」と言い換えても内容は同じである（利益集団としてのゲゼルシャフトと非利益的で相互扶助的なゲマインシャフトという歴史学的で社会学的な区別は、この段階では無用である）。人間たちは、生きていくためには、すなわち自分たちの生活を維持し再生産するためには、なんらかの「つきあい」の形式を作りだしていかなくてはならない。「つきあい」を相互関係、相互行為、相互交渉あるいは交際と呼ぶこともできる。ここでは相互行為という用語を社会生活の意味で一般化して使用することにする。

（今村仁司『交易する人間』より）

筆者による〈固有の意味づけ〉

〈辞書〉
社会……人々がより集まって共同生活をする形態

≠

〈筆者〉
社会……なんらかの「つきあい」の形式。相互行為

「社会」についての、「人々がより集まって共同生活をする形態」という辞書の定義と、「つきあい」あるいは「相互関係、相互行為、相互交渉」という筆者による意味づけとの間にはイメージの飛躍はありません。よって右の例は、常識の範囲内での〈固有の意味づけ〉と言えます。が、〈辞書的な意味〉と〈固有の意味づけ〉が大幅にずれることもあるので、要注意！

問題解説

本文解説

1・2段落

1 社会というものは、そこから漏れ落ち（かけ）たときに、よく見えることがある。薄くなって初めて空気の存在に気づくように。

2 例示 **たとえば**、学校や職場、就職活動などの場面で、コミュニケーションがうまくいかず、気詰まりな沈黙を招いてしまったり、周囲から浮いてしまったりすることは、**そのような**「漏れ落ち」経験の身近な一例である。あからさまな拒絶の反応が返ってくるわけでなくても、周囲の人びとの嘲笑を含んだ軽い驚きの表情や、受け止められも投げ返されもせずしぼんでゆく言葉が、どうにも居たたまれなくて、ぎくしゃくしてしまう自分の挙動を周囲の人びとがどう見ているかと思うとさらに居たたまれなくて、その場から消えたくなる。**そうした経験**は日常的なものであり、誰もが一度はそんな思いをしたことがあるのではないだろうか。

"漏れ落ちる" という表現について、辞書的な意味ではない〈固有の意味づけ〉をしている!!

→ おそらくは、この"「漏れ落ち」経験"が、この文章のキーワードとなる!!

1段落は「そこから漏れ落ち」たときに「社会」がよく見えることがある、ということを言っているだけですが、わからないのは、〈社会から漏れ落ちる〉ということがどのような状態を意味するかです。ですから、それを詳しく教えてくれる**2**段落の具体例は非常に重要な働き

本文メモ

- 「漏れ落ち」経験＝コミュニケーションがうまくいかず、気まずい雰囲気を招き周囲から浮くこと

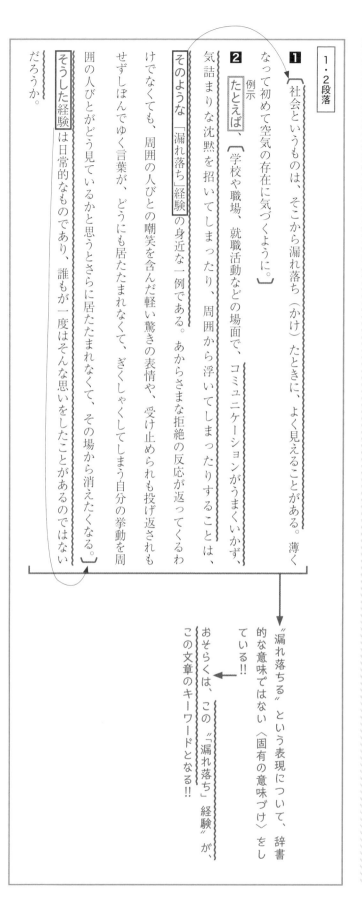

を担っていることになる。つまり『『漏れ落ち』経験』とは、コミュニケーションがうまくいかず、気まずい雰囲気を招いたり周囲から浮いてしまうことを言う、と。このような語義は、〈漏れ落ちる〉を辞書で引いても絶対に載っていません。要するにこの文章は、筆者が自分なりの意味を込めた語句をキーワードとして、論を展開していくわけです。

⬇これを経験すると、社会がよく見えることがある！

3〜5段落

3 対比 一方に、周囲から「あの人コミュ力高いな」と思われている人がいる。明るく親しみやすい雰囲気を放ち、人の話にテンポよく切り返し、華やいだ笑い声を上げる人。自然体でありながらその場の「空気」を壊さない、というよりも、自分が自然体で振舞える「空気」をいつの間にか作り出して、なおかつ強引さはなく「感じよく」ありつづけられる人。そんな人たちの土台には、「私はみんなに興味を持たれている」というまっとうな自信があり、それが「ナチュラルな感じのよさ」を根本から支えている。

4 対比 他方には「コミュ障」と名指される人がいて、彼ら・彼女らには「無口で暗い、ノリの悪い、空気の読めない人」という印象が付きまとっている。「コミュ力の高い人」が持っている「ナチュラルな感じのよさ」が、「コミュ障の人」にはない。がんばって言葉を発しノリを合わせるよう努力すれば、輪に入ることはできる。だが、がんばったぶん家に帰るとどっと疲れが出てへたり込んでしまい、長く続かない。コミュニケーションをまったく楽しめていない自分に気づき、その場はうまくいったにもかかわらず、自信を喪失してしまったりする。だからといって「ナチュラル」でいると、「あの暗い人」と言われ遠ざけられてしまうのだからや

“コミュ力高い”と思われる人間について、詳しく説明
→ 目的は？
→ “コミュ障”と思われる人間について、詳しく説明
→ “対比”を用いて文意を明瞭にしている!!

第2章

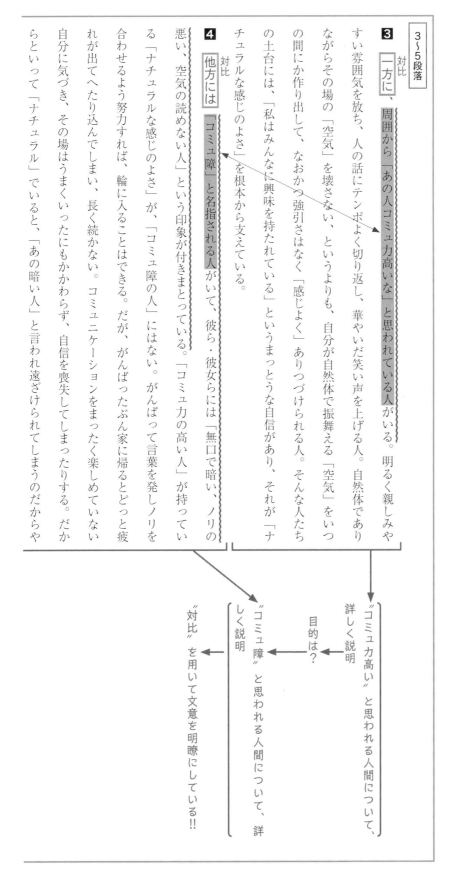

やこしい。

5 「コミュ障」とされる人とは いわば（換言）、コミュニケーションという道を一緒に歩いているのに、周囲の人と歩幅が違っているために、他の皆が何事もなく通り過ぎていく裂け目に足を取られてつまずき、落ち込んでしまうような人、ではないだろうか。

“コミュ障”と思われる人間についてここまでの言及を踏まえながら、比喩的にまとめている!!

3・4段落では、「『コミュ力高いな』と思われている人」と対比する形で、「『コミュ障』と名指される人」について、詳しく説明されています。そして5段落では、比喩的な表現を用いながら、「『コミュ障』と名指される人」について、〈ともにコミュニケーションしているのに、周りとペースが違うため、「裂け目」に落ち込んでしまう人〉と定義するわけです。もちろんこの〈「裂け目」に落ち込んでしまう〉は、1・2段落で定義された「『漏れ落ち』経験」と同内容の表現でしょう。

本文メモ

- 『コミュ障』と名指される人＝ともにコミュニケーションしても周りとペースが違うため、「裂け目」に落ち込んでしまう人（＝「漏れ落ち」てしまう人＝気まずい雰囲気を招いたり周囲から浮いてしまう人　＊1・2段落参照）

6・7段落

6 コミュニケーションの裂け目にはまり込んでしまった人は、単に「そのとき・自分が気まずい」だけではなく、ア気まずさを自分に対して〈可視的〉＊にすることで、「気まずい自分を見る自分」を成立させ、そのことで気まずさを増幅させてしまうようなところがある。もちろん（譲歩）なかには、周囲の人が「コミュ障」と名指すけれども当の本人にはまったくその自覚がない、という場合もあるだろう。だが（逆接）この言葉は「克服する」「治す」などの語とセットでしばしば使われており、「自分はコミュ障だ」と自覚して生きづらさを感じている人が多いよう

＊可視的＝目に見える状態であること

もちろん ↔ だが
もちろん → 一般論・譲歩
だが → 主張・強調したいこと

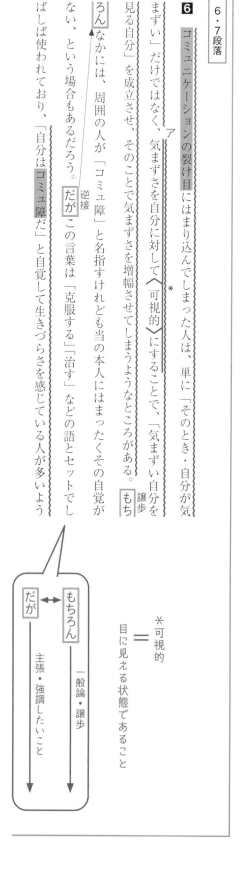

に思う。換言 つまりこれは「あいつコミュ障だよな」という外からの揶揄《やゆ》であると同時に、「私コミュ障だから」という内からの自虐の言葉なのだ。

7 そこには「コミュニケーションがうまくいかないこと」自体 対比 にもまして、「あの人はいま裂け目に落ちた」と周囲の人に気づかれていること、それを意識してますます言動が不自然になってしまうことがしんどい、という面がある。それは、否応《いやおう》なしに「自分が他者からどのように見られているか」を反省的に意識させられる経験であり、イ 三面鏡をのぞきこんだように、「見る自分、を見る自分、を見る自分……」の連鎖が可視化されていく。

→ 自分が「裂け目」に落ちたことを自分で〝目に見える〟状態にしてしまっているので、自分自身を〝コミュ障〟と自虐してしまう!!

→ 〝「裂け目」に落ちた自分〟が他者からどう見られているのかが気になる ← しかも、それが〝連鎖〟する!!

「コミュニケーションの裂け目」に落ち込んでしまうと、その人は、気まずい空気を作ってしまった自分自身を意識してしまいます。つまり、「コミュ障」という言葉は、他者からの揶揄《やゆ》であると同時に自己の内から発された「自虐の言葉」でもあります。そしてそのような自己が他者からどう見られているか、気になって気になって仕方なくなる……。

本文メモ

- 「コミュニケーションの裂け目」

↓

- 気まずい空気を作ってしまった自分自身を意識してしまう

「コミュ障」という言葉＝自虐の言葉

↓さらに

- そうした自分が他者からどう見られているか、気になってしまう

8〜10段落

8 並立・累加 そして、このように自分の足下がぐにゃりとゆがみ、地面はまったく盤石ではなかったと知るとき、そのなかにすっぽりとくるまれていたあいだは意識する必要もなかった「社

会」のようなもの｝の一端が、あらわれるのだ。**それ**は、そこからこぼれ落ちる自己にとって絶対的な異物としての「社会」である。そうした意味での「社会」の輪郭を掴《つか》みやすいのは、「コミュ力」があるとされる人よりも「コミュ障」とされる人の方だろう。

9 逆接 **しかし**、「社会から漏れ落ちてはじめて社会が見える」というのは一つの側面でしかない。ウ「社会から漏れ落ちている」と思っている人が、実際にはこの社会に深く根ざした存在である、ということがある。

10 くり返しになるが、「コミュ障」とされる人は単にコミュニケーションがうまくいかないのではなく、「うまくいっていない自分を他者はどう思っているか」という再帰的な視点を発生させるために余計にしんどくなっている。これはよく考えると不思議なことだ。「自分は周囲からどう見られているか」と他者の視線に配慮できるということは、その人が「社会性」を持っていることを示している。つまり、ほんとうに社会から漏れ落ちていたならば、「社会から漏れ落ちている自分」に痛みを感じることも少ないと考えられるのだ。

1段落の内容と同じ!! 「社会」から脱落する、つまりは「社会」から離れるからこそ、「社会」が見えてくるようになる!!

社会から漏れ落ちている ← 社会に深く根ざしている

あからさまに矛盾した説明!!

ここで、矛盾が解消される!!

漏れ落ちた人は他者からの目が気になる……ということは「社会性」があることになる!!

8段落冒頭の一文、「コミュニケーションの裂け目」に落ち込んでしまうと「社会」が見えてくる、という内容が、**1**段落の内容を言い換えたものであることに気づいたでしょうか？　つまりこの文章は、**1**段落で提示した内容について、ここまでそれをより詳細に説明していたのですね。しかし、話はそれで終わりません。**9**・**10**段落では、そこからさらに、そうした人間が「他者の視線」を意識しているという点を論拠として、実は「コミュニケーションの裂け目」に落ち込んでしまっ

本文メモ

- 「コミュニケーションの裂け目」に落ち込んでしまう

↓

- 「社会」が見えてくる　＊自己にとって絶対的な異物としての「社会」

↕

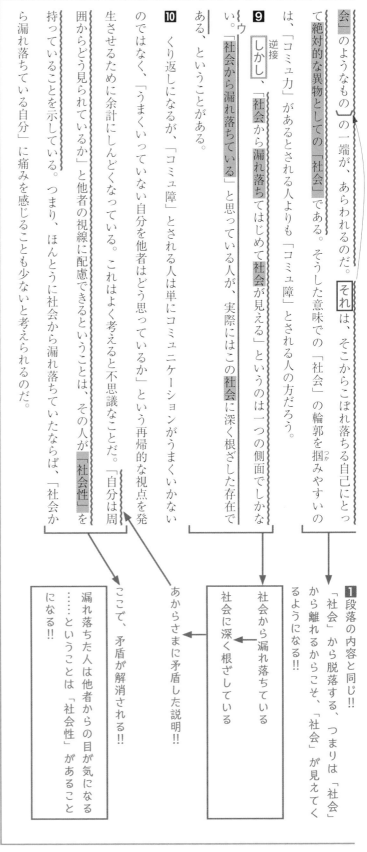

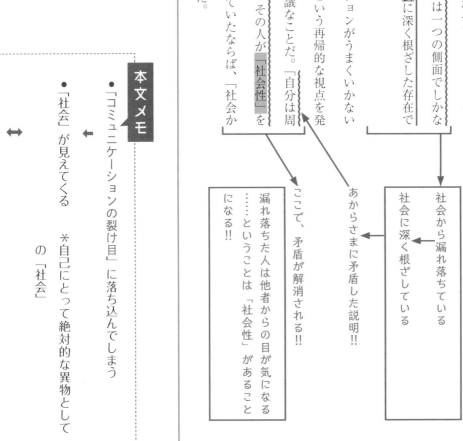

た人間こそが、「この社会に深く根ざした存在」であるということを主張するのです。

設問解説

問1　傍線部ア「気まずさを自分に対して可視的にする」の内容を説明する問題です。「可視的」というのは〈目で見える〉ことを意味し、かつ「自分に対して」とありますから、気まずい空気を作り出してしまった自分を、自分の目に見えるようにする、という内容の選択肢が正解となるはず。

解くコツ
傍線部中の語句・表現の辞書的な意味もヒントになる。

● A　普通の人なら気づかないようなコミュニケーションの裂け目に、自らはまり込んでしまうこと。
⇩これは単に『漏れ落ち』経験」の内容を説明しているだけです。不正解。

● B　コミュニケーションの裂け目にはまり込んでしまった自分の姿を、周囲の人々の目にさらすこと。
⇩「周囲の人々の目にさらす」という箇所が、傍線部の「自分に対して」と矛盾します。

● 他者の視線を気にしている以上、彼らこそが社会に深く根ざした存在！

● C　周りとコミュニケーションがうまくいっていない自分という存在を、自分自身で意識してしまうこと。
⇩右の分析に合致します。これが正解です。

● D　自分が落ち込んでしまった裂け目は周囲の人にも見えているのではと考えてしまい、悪循環に陥ること。
⇩Bと同様、「周囲の人にも見えているのでは」という箇所が、傍線部の「自分に対して」と矛盾します。

問2　傍線部イ「三面鏡をのぞきこんだように、『見る自分、を見る自分、を見る自分……』の連鎖が可視化されていく」の内容を説明する問題です。ここで話題になっているのは、気まずい空気を作ってしまった自分が他者からどう見られているかが気になってしまう、ということでした。傍線部はそれを比喩的に言い換えつつ、それが「連鎖」することが述べられています。自分が他者からどう見られているかが気になるという状態が続いてゆく、という内容の選択肢が正解となるはずです。

解くコツ

選択肢問題は、まずは自分なりに解答を予測して、その要素が含まれるものだけに絞り込む。

● A　自分という存在を自分で見ると同時に、他者からの視点も持つことができるようになること。

⇩「できるようになる」という肯定的な説明が正解になるわけはありません。

● B　自分自身の姿をいくつもの方向から次々と見ることになり、居たたまれない気分になること。

⇩他者からどう見られているか、という観点が抜けてしまっています。

● C　自分の姿を普段の視点ではない角度で見ると次々に新たな発見があり、おどろきあきれること。

⇩「新たな発見」という肯定的な説明が正解になるわけはありません。

● D　他人が自分のことをどう見ているかを気にしている自分を意識することが、繰り返されること。

⇩右の分析をしっかりと反映した内容になっています。これが正解です。

問3　傍線部ウ「『社会から漏れ落ちている』と思っている人が、実際にはこの社会に深く根ざした存在である」の内容を説明する問題です。「社会から漏れ落ちている」のに「社会に深く根ざした存在」という言い方には矛盾があります。つまり傍線部を説明するうえで必須の要素は、この矛盾を解消する要素。**10**段落の「『自分は周囲からどう見られているか』と他者の視線に配慮できるということは、その人が『社会性』を持っていることを示している」という箇所が、それにあたりますね？

解くコツ

傍線部（を含む一文）中に矛盾や飛躍があった場合、それを解消する要素を考える。

● A　自分はいま社会から漏れ落ちたと気づいたときに、人ははじめて社会というものを認識するのだということ。

⇩これは単に**1**段落などの内容をまとめているだけです。右の分析に合致しません。

● B　社会から漏れ落ちていると思っている人は、周囲の視線を気にするという社会性を持っているのだということ。

⇩右で分析した必須の要素が盛り込まれています。これが正解です。

● C　社会から漏れ落ちたと思っている人は、自虐的な気分を抱えながら生きていくより他に仕方がないということ。

⇩「社会に深く根ざした存在」という観点が完全に抜けてしまっています。

● D　社会から漏れ落ちていることに気づいた人の心の痛みは、気づいた経験のない人には理解できないということ。

⇩「社会に深く根ざした存在」という観点が完全に抜けてしまっています。

解答

問1　C　問2　D　問3　B

テーマ
11

〈ズバリ法〉に挑戦してみよう

▼問題　別冊p44

イントロダクション

選択肢問題の解き方

選択肢問題については、いきなり〈消去法〉を試す人が多いようです。詳しくは次回に触れますが、もちろん〈消去法〉自体は入試問題を解くうえで大切な考え方であり、それを全否定することは得策ではありません。ただし皆さんには、いきなり〈消去法〉に頼るより、まずは〈ズバリ法〉で解く習慣をつけておいてほしいのです。

〈ズバリ法〉とは何か

では、〈ズバリ法〉とは何か。これは、選択肢を見る前に本文根拠を確認し、それから選択肢全体を見渡し、本文根拠に言及できているものをズバリで選ぶ（――もしくは言及できているものに絞り込む）というやり方です。ざっくりとした解答のイメージを自分で作ってから選択肢の分析に入る、と考えてもらえれば大丈夫です。

本文

〔かぶとむしの幼虫は、誰に教わることもなく、時が満ちれば自らの部屋をこしらえ、そこでじっとサナギになるのを待つ。初めて産卵をするカエルは、誰に教わることもなく水場を探し、そこに卵を産みつける。私たち人間もまた、産道をくぐり抜けこの世界に誕生した瞬間に、誰に教わることもなく泣き声をあげて、脳に酸素を送る〕。これはなんとも不

具体例

生物は、誰に教わるともなく為すべきことを為す

思議なことではないか。私たちの身の回りにある当たり前と思われている現象も、よくよく考えれば大いなる神秘に満ちているのだ。（並立・累加）**そして**そのような神秘を鋭敏に察知し、自らの知的好奇心をもってその謎にとりくんでいこうとするのが、**科学者**という存在なのである。

> **科学者**
> ＝
> 身の回りの現象に神秘を感じ、自らの知的好奇心からそれについて考えていこうとする人間

問題

傍線部「科学者という存在」とあるが、**その説明**として適切なものを、以下のA～Dの中から一つ選びなさい。

> 選択肢を見る前に本文根拠を整理!!

A　様々な自然の現象に対して興味を抱き、そこに潜む法則を追究することを職業とする人々。

B　世界を人間から対象化することで、客観的な態度をもって自然現象を観察しようとする人々。

C　自らの知的好奇心をもって出来事の謎を解明し、新たな技術の革新へとつなげていこうとする人々。

D　何気ない出来事に対して神秘を感じ、その謎について深く考えたいと思えるような人々。

> 常識としては間違っていないが根拠に対応していない!

> A～Dに目を通し本文根拠を正確に言い換えているものを探す!!

右はちょっとおおげさな例だったかもしれませんが、これと同じような作り方になっている問題や選択肢は、決してめずらしくないのです。いかにも正解らしい誤答選択肢に惑わされることなく、かつ、スピーディーに正答にたどり着くために、〈ズバリ法〉の訓練は徹底的に実践してください!

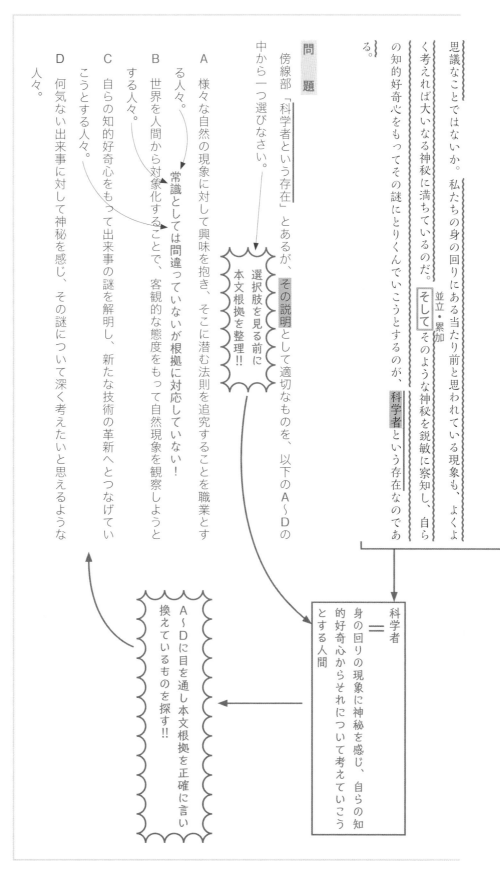

問題解説

本文解説

1～4段落

1 アレントは、大衆が他の人々と公的な空間において連帯することができず、孤立した状態に追いやられたことが、〈全体主義＊〉的な支配を可能にする条件であったと考えるのである。民主主義は、すべての国民が政治に参加する可能性を提供するものであったが、人々が孤立に追いやられるときには、政治という活動そのものの力が信じられなくなる。この大衆の心理的な状態を特徴づける「孤立」とはどのような心のあり方なのだろうか。

問い

＊全体主義
＝国家や民族全体のためには個人の権利は犠牲にしてかまわない、という考え方

2 アレントは人間が他者との結びつきをみずから断つか、あるいは人々によって断たれて、単独な「一人」になる状態を、孤独、孤絶、孤立という三つの概念で区別している。個人がアトム化された現代の大衆社会では、誰もが単独な一者となる傾向があるが、アレントはこうした単独状態のうちでも、孤独（ソリチュード）であるということは、他者との関係を断って、自己と向きあうことと定義している。「孤独の中では実はわたしは決して一人ではない。わたしはわたし自身とともにある」のである。

引用 → この文章は、アレントの考えを参照・紹介していく形で展開されてゆく

3 わたしたちは他者とともにあるときには、他者の中の一人として存在しており、自分自身と向きあうことはない。他者と別れて孤独になったときに、初めてわたしたちは自己と向きあうようになる。この孤独のうちでわたしたちは、自分のうちにいる「もう一人のわたし」と向

→「他者とともにあるとき」との対比で「孤独」についての**2**段落の定義を反復

きあう。そしてわたしはこの「もう一人のわたし」とは、それがまるで他者であるかのように語りあう。

例示

4 たとえばわたしが夜になって、その日のうちに他者に語った言葉や他者にたいして行った行為が適切なものだったかどうかを自問するとしよう。そのときわたしが自問する相手は、語り、行為したわたしそのものではなく、そのわたしの言葉や行為を眺めていて、批判する「もう一人のわたし」である。

抽象的記述

わたしたちは他者と別れて一人になって思考し、反省するときに、孤独のうちでこの「もう一人のわたし」と対話し始めるのである。

→具体例

→**2**・**3**段落の定義を具体例をはさんで再度まとめなおしている

人々は孤立に陥ると民主主義が信じられなくなり、全体主義に支配されてしまう――アレントのこうした考え方を参照しながら、筆者は、「孤立」という概念について、それがどのようなものであるかと問いを立てます。そして**2**段落以降では「孤独」「孤絶」「孤立」という三つの概念を紹介し、まずはその一つ目、「孤独」についての分析が始まります。これは、他者と別れて自己、すなわち「もう一人のわたし」と向き合い、対話することを意味します。

本文メモ

- 大衆……孤立⬇民主主義に対する疑念⇩全体主義
  では、「孤立」とはどのような状態か？
- 孤独＝他者と別れて自己と向き合い、対話すること。
- 孤絶＝？
- 孤立＝？

5～9段落

5 この対話の重要な特徴は、わたしはもはや自分の目から自分をごまかすことはできない

第3章

ということにある。わたしが孤独の対話のうちで向きあう「もう一人のわたし」は、そのようなごまかしを決して許すことはないのである。

6 ここにはある種の孤独の〈弁証法*〉のようなものが存在している。他者に向かって何かを語り、何かを行為するとき、わたしは自分自身に向きあうことがない。そうした行為のうちでわたしは、無心に他者に話しかけ、他者と交流している。これが最初の状態である。次にわたしが他者と分かれて孤独になって、自分の言葉や行為を振り返り、反省するときに、そこに自己への批判的で否定的なまなざしが生まれる。自分がその日になした無心な行為が、ほんとうに適切なものだったか、「もう一人のわたし」が厳しく吟味し始める状態にはいる。わたしは孤独において分裂するのである。

7 ただし〈この分裂した状態〉の対話には、それを決定する審級がない。「わたし」と「もう一人のわたし」は、どちらも「わたし」であるために、結論を下すことはできないことがある。〉この対話は無限につづく可能性がある。そこに孤独の分裂性と多義性が生じる。

8 この分裂し、みずからのうちに複数のわたしを意識するわたしを、その孤独な分裂性と多義性から救いだしてくれるのは、他者との交流をふたたび始めることだけである。この新たな他者との交流においては、わたしは最初の無心の状態ではなく、「もう一人のわたし」との対話を経験し、自己の分裂を認識したわたしとなっている。この他者との交流によって、わたしは「もう一人のわたし」との対話に、ある決着をつけることができる。

9 このように、わたしが他者に語った言葉や行為が正しかったかどうかを判断することが

補足（ただし）　並立・累加（次に）　結論（このように）

*弁証法
＝
対立する考え方を比較検討し、よりレベルの高い考え方を導き出すというやり方

*分裂した「わたし」のどちらが正しいのか、自分の中では決められない、ということ

⟷

他者との交流によって、分裂を終わらせることができる

できるのは、他者に問いかけ、他者と話しあうことによってだけである。他者と向きあったわたしは、もはや多義的な自己ではなくなっている。他者だけがわたしを一義的な自己とすることができるのである。「まさにこの一者として、交換不能な存在として、一義的な存在としてわたしを認め、わたしに話しかけ、それを考慮してくれることで、わたしの〈＊アイデンティティ〉を確認してくれる他の人々との出会いによって、わたしは孤独の分裂性と多義性から救いだされる」のである。

↓
弁証法成功!!

一義的な自己
↑
わたし ⟷ もう一人のわたし

＊アイデンティティ
＝
自分が自分であるという意識

この「孤独」という状態においては、対話する「もう一人の自分」が自分を厳しく批判するため、自己は「わたし」と「もう一人のわたし」とに分裂し、そのどちらが正しいのか決定することができません。すなわち、「孤独」において自己は分裂した多義的な存在となるのです。けれども自己は、再び他者との交流を始めることによってこうした分裂から救われ、一つの自分というありかたを回復することができるわけです。

本文メモ

- 孤独＝他者と別れて自己と向き合い、対話する状態

⇦ もう一人のわたしがわたしを厳しく批判…自己＝分裂性・多義性

⇦ 再び他者との交流を始めることで、一つの自分という意識（＝アイデンティティ）が回復可能！

10～12段落

10 これに対して（対比）、孤絶（アイソレーション）という状態は、たとえば（例示）何か文章を執筆しているような状態である。文章を書きながら、仕事をしているときには、わたしは自己と対話する

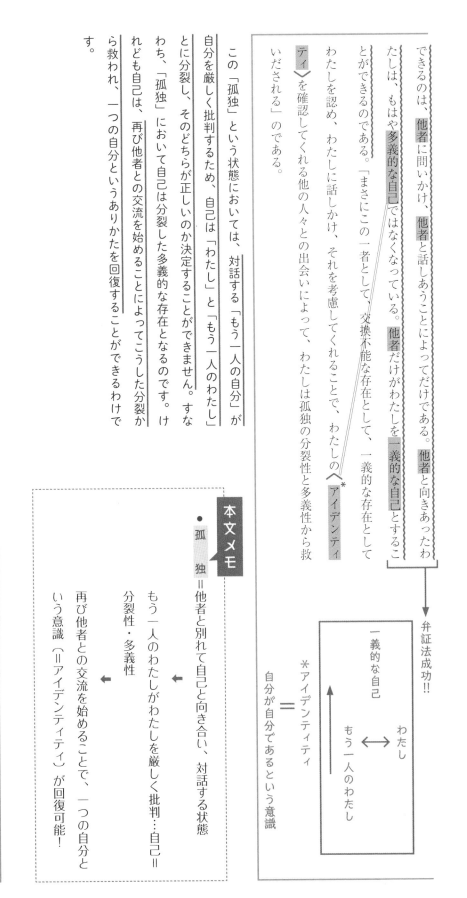

ことも、他者と対話することもできない。「何かを学んだり、一冊の書物を読んだりするためにも、ある程度の孤絶の状態が必要です。他の人の存在から守られていることが必要になるのです」。これはわたしたちが何かに専念するときに、自分も他者も忘却している状態であり、何かを作りだすための条件となるという積極的な意味をもつことが多い単独の状態である。

> 具体例&引用
>
> 直前までの具体例・引用を抽象化して「孤絶」の端的な定義をしている!!

11 最後の孤立（ロンリーネス）というのは、他者とのつながりを欲しているのに、それがえられず、他者から「見捨てられた状態」にあることである。他者との連帯の絆が、何らかの理由で断たれているのがこの状態である。この状態が生まれるのは、「どのような理由であれ、個人的な理由から一人の人間がこの世界から追いだされたとき、あるいはどのような理由であれ、歴史的あるいは政治的な理由から、人間がともに住んでいるこの世界が分裂し、たがいに結ばれあった人々が急に自分自身に追い返されたとき」である。そのとき、人は自己との対話も、他者との対話もすることができず、一人であることを強いられる。これはつらい状態である。たとえ多数の他者に囲まれていても、砂漠のうちで生きているような孤立感に襲われるのである。「群衆のうちで孤立していることは、孤独であることよりも辛いのはそのためです」とアレントが語るとおりである。

> 引用
>
> 孤立が生まれる理由について説明している
>
> ❶ 個人的な理由で世界から追放される
> ❷ 歴史的・政治的な理由で人々が分断される

12 このような孤立は、いつでもどこでも生じうる「単独性」の一つのあり方にすぎない。逆接 しかし大衆社会においては、大衆は「根無し草」として、他者との結びつきを断たれているために、人々はごくたやすく、この孤立の状態に陥りがちなのである。並立・累加 そして全体主義体制は、人々をこのような孤立の状態に陥れることを目指していた。人々が他者と連帯し公的な空

> 孤立 ⇩ 全体主義
>
> **1**段落参照!!

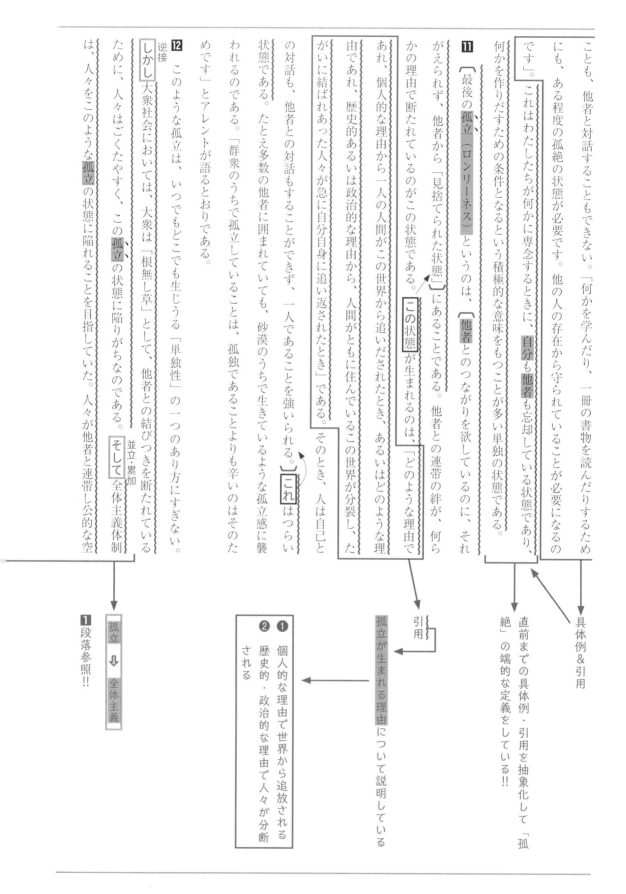

間のうちで行動しているときには、全体主義はその威力を発揮できないからである。

「孤独」に関しての説明を終え、次に筆者は**10**段落で、「孤絶」について、何かに専念するときに、自分も他者も忘却している状態、と定義します。そしてこの「孤絶」は、創造性というポジティブな意味を持つことも多い、と。これに対して、**11**段落以降で説明される「孤立」については、他者とのつながりを欲しているのに他者から見捨てられた、つらい状態であると述べています。もちろん、人々がこうしたつらさに耐えられないからこそ、そこにつけこんで、全体主義体制が猛威をふるうことになります。ここで筆者は、**1**段落での「孤立」とはどういった状態かという問いに結論を出したわけです。

本文メモ

- 孤独＝他者と別れて自己と向き合い、対話する状態
- 孤絶＝何かに没頭し、自分のことも他者のことも忘れてしまっている状態➡創造性という肯定的な意味！
- 孤立＝他者とつながりたいのに他者から見捨てられている状態

⬅ つらい ⇩ 全体主義体制

設問解説

問1 「他者の中の一人として存在」するというのがどのような状態であるかを答える問題です。まずは、傍線部を含む一文を読んでみましょう。するとそこには、「他者とともにあるときには」とか、「自分自身と向きあうことはない」などと述べられています。本文中で定義される「孤独」とは正反対の状態ですね。もちろん、この内容がしっかりと反映されている選択肢があれば、それをズバリ！で選びましょう。

解くコツ

選択肢問題は、まずは自分なりに解答を予測して、その要素が含まれるものだけに絞り込む。

● A 大勢いる他人の中にあって、自省することを避けている状態。

⇩「大勢いる他人の中にあって」が本文根拠の「他者とともにあるときには」、「自省することを避けている」が「自分自身と向きあうことはない」に、それぞれ正確に対応しています。ズバリ、これが正解です。

● B　匿名の自己として存在し、他者との区別がつかない状態。

⇩右の分析にまったく言及できていません。即、間違いであると判断できます。

● C　自己の行為が不適切だったとしても、あえて許す状態。

⇩自己の行為について〈適切／不適切〉という判断が下せる大前提は、自己の行為と向き合い、自問することです。「他者の中の一人として存在」する段階ではまだそうした自省はされていないわけですから、不正解です。

● D　他者に対する言葉や行為など自分の振る舞いを顧みることのない状態。

⇩「自分自身と向きあうことはない」を具体的に言い換えた内容としては誤っているとは言えませんが、「他者とともにあるときには」と対応する記述がない時点で、Aよりも圧倒的に劣ります。

＊念のため、B～Dが正解とならないことの理由についても説明しましたが、きちんと根拠を拾えていれば、ざっと選択肢全体を見渡しただけで、Aをズバリ！で選ぶことができたはずです！

問2　アレントの定義する「孤独」「孤絶」「孤立」について、それぞれの概念を正しく理解したうえで、個々の選択肢がそのどの概念を具体化したものかを判断する問題です。少々めずらしいタイプの問い方かもしれませんが、本文全体の論の展開を把握できていれば、それぞれズバリ！　で判断できるのではないでしょうか。念のため、再度、三つの概念についての定義を参照しておきましょう。

- **孤独**＝他者と別れて自己と向き合い、対話する状態（A）
- **孤絶**＝何かに没頭し、自分のことも他者のことも忘れてしまっている状態⬇創造性という肯定的な意味！（B）
- **孤立**＝他者とつながりたいのに他者から見捨てられている状態（C）

解くコツ　論の展開を正確に把握しておけば、それが設問を解くうえでの根拠になる。

● 1　委員会での集まりがあった日、家に帰ってから自分の主張の是非をもう一度考えてみた。

⇩自分自身の発言を一人になってから振り返っています。「孤独」の具体例です。

● 2　友人にメールを送ったが、届いているにもかかわらず、返事が来ずに無視された。

⇩他者とつながりたいのに見捨てられてしまっています。「孤立」の具体例です。

● 3　試験勉強をするために、他の生徒が下校した後の教室にひとり残った。

⇩勉強は、没頭してやるものです。「孤絶」の具体例です。

解答　問1　A　問2　1＝A　2＝C　3＝B

テーマ12 〈消去法〉に挑戦してみよう

▼問題 別冊 p48

イントロダクション

選択肢問題の解き方

前回述べた通り、選択肢問題ではまずは〈ズバリ法〉、すなわち選択肢を見る前に本文根拠を拾い、自分なりの解答のイメージをつかんでからズバリ！　で選ぶ、という解き方を試してみてください。ただ、だからといって〈消去法〉が必要ないというわけではありません。状況や設問の作られ方次第では、むしろ〈消去法〉でないと判断できないこともしばしばあるのです。

〈消去法〉とは何か

〈ズバリ法〉が〈本文根拠⬇選択肢〉の流れであるなら、〈消去法〉は、〈選択肢を読んでからその内容にかかわる本文記述にもどり、正誤を判断していく〉という作業になります。内容合致など傍線部の存在しない設問はこの解き方が必要ですし、〈ズバリ法〉を試した結果、複数の選択肢が候補として残った場合も同様の分析が要求されますね。「適切でないもの」を問われた場合も、原則〈消去法〉が有効です。

本文

文学を読むとはどういうことか。かつてそれは、その作品を執筆した作者の意図を解読する行為であると認識されていた。そこには、作品を統括するのは唯一無二の存在としての作者である、という暗黙の了解がある。順接《したがって》、その作品から解読される意味もまた、唯一無二の作者が込めた、唯一無二のもの、ということになるだろう。これに対して、（対比）近年、作品の意味は読者における読むという行為のなかで初めて成立するものである、という考え方が主流になりつつある。もしそうであるなら、一つの作品に対する読者の数は論理的には無限なのだから、そこに解釈される意味もまた、無限ということになるだろう。そして（並立・累加）この考え（筆者の主張）こそ、読むという行為の可能性を開いてくれるものなのだ。

主張

文学を読むということ
＝
Ⓐ 読者の読みの中で成立
Ⓑ 読者＝無限
Ⓒ 意味＝無限
→ 読むことの可能性を開く

問題

筆者の考えとして適切なものを、以下のA～Eの中から一つ選びなさい。

× A 作品は無限の意味を含む（Ⓒ）ため、それを読む読者も無限に生み出される（Ⓑ）。

○ B 文学の主体としての読者（Ⓐ）は無数に存在し（Ⓑ）、作品に多様な意味を解釈する（Ⓒ）。

× C 文学を読むとは、絶対的な存在である作者の思いを分析する営みである。

× D 作品の解釈では、個々の読者の雑多な読みが生まれてしまうことは否めない。

△ E 文学作品の意味は、作者ではなく読者が作り上げるものであるといえる（Ⓐ）。

A……ⒷとⒸに言及できているが、〈Ⓑ⬇Ⓒ〉という因果が〈Ⓒ⬇Ⓑ〉と反転してしまっている。

C……本文には書いてあるが、これは「かつて」の考え方。筆者の主張はその正反対。

D……読者が様々な読みをすることを否定的に捉えてしまっている。

E……間違ったことは書いていないが、ⒶⒷⒸのうちⒶにしか言及できていない。
← Bに比べれば、劣る!!

特に気をつけてほしいのは、部分としては本文に述べられていることではあるが、本文とは論理構造（因果や対比など）が異なっている、あるいは不正解とは言えないが、他の選択肢と比較すると要素が不足している、などのパターンです。選択肢の部分にも、そして全体の構造にも、細心の注意を払って分析しましょう！

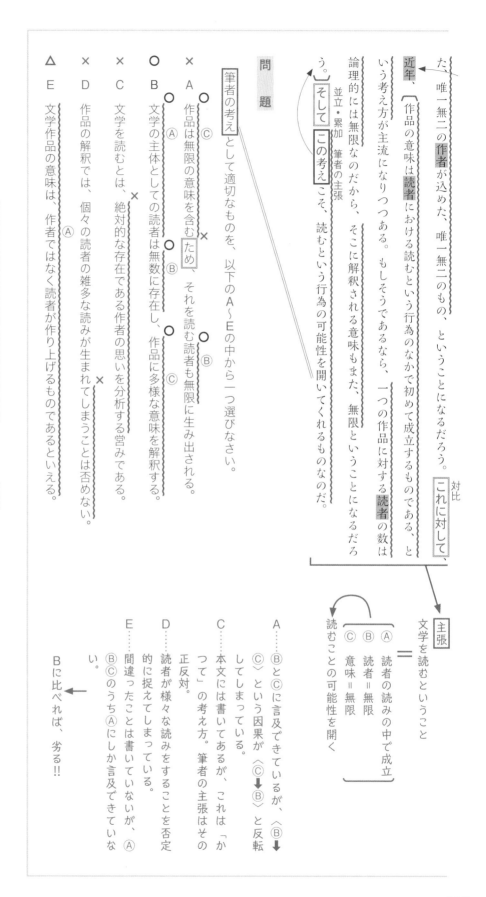

問題解説

本文解説

1段落

❶ 経験とは補足 たしかに、生活世界のなかで私たちがなにかの出来事に出会うことである。逆接 しかしそうはいっても、ただなにかの出来事に出会うこと、そういうかたちでなにかを行なうことが、ただちに私たち一人一人の生の全体性と結びついた経験になるのではない。例示 極端な例だが、こういう話がある。〔ある奥さんが、日程のびっしりつまった団体のバス旅行で、春たけなわに、それまで行ったことのない名勝地をまわってきた。帰ってきてから、なにがその旅行でいちばん印象深かったか尋ねられたとき、その奥さんは、とっさに、紅葉がとてもきれいで……といいかけて、自分でもびっくりしたという話である。島崎敏樹氏（『心の風物誌』）の伝えている話だ。行ったところは紅葉の名所として知られたところだった。あらかじめ絵葉書で見慣れていた秋の紅葉の景色の方が、現実の春の青葉の景色よりも印象がつよかったわけである。順接 とすると、せっかく旅行にいって、なにをしてきたのだろうか、ということになる。〕

たしかに～ 重要度㊦
しかし…… 重要度㊤

「出来事」が「私たち一人一人の生の全体性と結びついた経験」にならなかったことの具体例

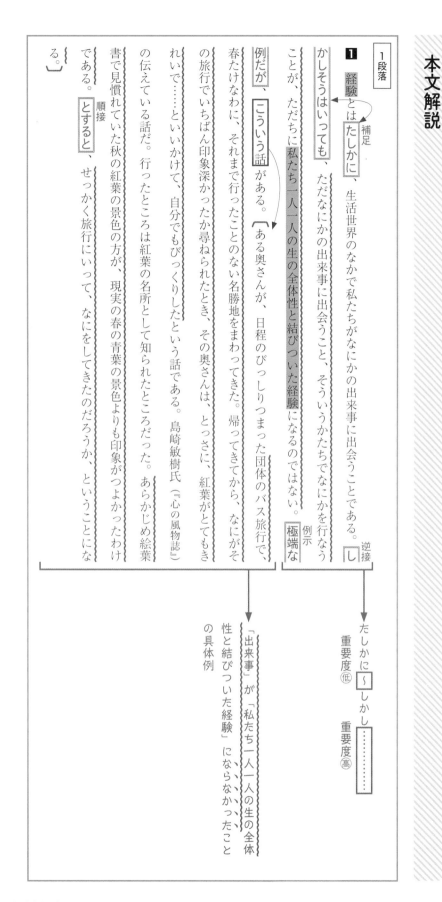

「経験」が「私たち一人一人の生の全体性と結びついた経験」になるにはどのような条件が必要か。まず筆者はそれについて、そうならないような状況を具体的な事例として引用しながら説明を始めます。おそらくこの文章は、ここでの事例と対比させるかたちで、「経験」が「私たち一人一人の生の全体性と結びついた経験」になる条件を述べていくことになるでしょう。

本文メモ

- 経験＝生活世界のなかで私たちがなにかの出来事に出会うこと

↔

- ただなにかの出来事に出会い、その中で行動するだけでは、私たち一人一人の生の全体性と結びついた経験にはならない

例 団体のバス旅行に参加した人…あらかじめ絵葉書で知っていた光景ばかり印象に残り、現実の景色の記憶が希薄

2・3段落

2 バスに乗って名勝地まで出かけたことは確かである。現地で春の青葉の景色を見たことも事実である。しかしそれは、スケジュールどおりにただ動いたにすぎず、島崎氏もいうように、自分で、自分の躯《からだ》を使って、抵抗物をうけとめながら、動いたのではなかった。これでは、躯は全身的に働かされず、視覚はほとんど他の躯の働きと切りはなされて、現実や実在との立ち入った関係でいえば、ア本来の意味で出かけたことにも見たことにもならない。あえていえば、そこにあるのは経験ではなくて疑似経験であろう。このようにいうと、極端すぎる議論だと思われるかも知れない。補足 **もちろん**集団のバス旅行がまったく無意味だというのでもなければ、そこに経験がありえないというのでもない。終始バスに乗ったままではないし、自由な行動も或《あ》る程度できるのだから。また、他の人々と二日なり三日なり同じバスに乗り、同じ旅館に泊って行動を共にすることには、別種の出来事との出会い、別種の経験が

↓

「自分で、自分の躯を使って、抵抗物をうけとめながら」ではないから、「本来の意味で出かけたことにも見たことにもならない」、すなわち「経験」できていない。 ←

成り立ちうるであろう。しかし、このような集団旅行の場合、私たち人間の、自然や広い現実との関係は、どうしても間接的な、二次的なものになるだろう。

逆接

3 私たちがなにかの出来事に出会い、自分で、自分の躯で、抵抗物をうけとめながら振舞うとき、はじめて経験は経験になる。これはなにも、旅行にいったり景色を見たりすることにかぎらず、もっと一般的に経験についていえるところではなかろうか。また、そのことは、もう少し一般的に経験について考える手掛りになるのではなかろうか。まず、自分でというのは、他律的にあるいは受動的にではなく、自分の意志で、あるいは能動的にということである。次に、自分の躯でというのは、抽象的あるいは観念的にではなく、身を以て、身体をそなえた主体としてということである。そして最後の、抵抗物をうけとめながらというのは、環境や状況に簡単に順応して、いわば現実の上を滑っていくのではなく、現実が私たちへの反作用としてもたらす抵抗を、私たちを鍛えるための、また現実への接近のためのなによりのよすがとして、ということである。

並立・累加

逆に言えば、「自分で、自分の躯を使って、抵抗物をうけとめながら」であれば、「経験」になる……？

まさに

ここまでの「旅行」についての分析を、より広い範囲へと一般化している!!

「経験」が成立する条件としての「自分で」「自分の躯で」「抵抗物をうけとめながら」について、詳しく定義!!

2段落では、**1**段落の具体例を引き続き参照しながら、「自分で、自分の躯を使って、抵抗物をうけとめながら」動いたわけではない団体バス旅行は、「経験」ではなく「疑似経験」、あるいは「間接的な、二次的なもの」にしかならないと述べられます。逆に言えば、「自分で、自分の躯を使って、抵抗物をうけとめながら」動くことこそが大切だ、となりますね。そしてもちろん、それこそが、**1**段落に言及された「経験」が「私たち一人一人の生の全体性と結びついた経験」になる条件の内容ということです。それを端的にまとめたのが、**3**段落冒頭の一文ですね。そして筆者はその後で、「自分で」「自分の躯で」「抵抗物をうけとめながら」という三点についての具体的な分析を始めるわけです。

本文メモ

- 経験が私たち一人一人の生の全体性と結びついた経験となるための条件
=
- 自分で、自分の軀を使って、抵抗物をうけとめながら動くこと
  - 自分で……自分の意志で能動的に
  - 自分の軀を使って……身体を備えた主体として
  - 抵抗物をうけとめながら……現実がもたらす抵抗を、自分を鍛え、現実に接近するための助けとして

4〜6段落

4 この三つは、経験を経験たらしめるものとして、いずれも重要な要因である。しかし（逆接）これらは、ばらばらにあるいは並列的にあるのではない。第一の自分であるいは能動的にということは、出発点となる基本的な要因である。私たちの振舞いにまったく能動性がなければ、どんなに多くの出来事に出会っても、それらは私たちの経験にはならない。多くのことを見たり、したりしても、それだけでは経験にならない。能動性は基本的な要因である。ただ、この能動性ということを私たちの持続した生の具体性のなかで考えてみると、ことの在り様は必ずしも簡単ではない。というのは（理由）、個人の、意志にもとづく能動性、精神の能動性は、現実生活のなかでは、たえず持ちつづけることができないだけでなく、そのままでは抽象的なものにとどまるからである。必要なのは身体によって持続的に支えられた能動性である。受動的なときもあるにせよ、それを含めて持続のなかで保たれる能動性である。

つまり、三つ（「自分で」「自分の軀で」「抵抗物をうけとめながら」）は、密接に関係しあっている、ということ！

「自分で」と「自分の軀で」との密接な関係性！

5 結論 こうして第一の自分で或いは能動的には、第二の自分の軀で或いは身体をそなえた主体としてに結びつき、いっそう具体化されることになる。身体をそなえた主体として在ることによって、私たちは受動性から免れるのではない。むしろ私たちは、受動性の刻印を帯びたパトス的、換言 つまり情念的・受苦的な存在になるのである。能動性や主体性を脅かされやすい存在になるのである。パトス性を免れられないことによって、私たちは現実の矛盾のなかを、あちらこちらに突きあたりながら生きざるをえなくなるだろう。逆接 しかしその結果、私たちの能動性や主体性は脅かされもするが、逆にそれを試煉《しれん》とすることによってかえって強化されもするのではなかろうか。逆境のなかにあって能動性を失わずに生きつづけることができれば、それ自身すぐれて能動的であることのしるしであるといえよう。いわゆる逆境でなくとも、することなすことが思うにまかせず、また心ならずも物事を不必要にめんどうにすることも少なくないのが、私たち人間である。

6 パトス性を免れられないことによって、私たちは現実の矛盾のなかを、あちらこちらに突きあたりながら生きざるをえない。ここで矛盾とは、自己自身の内部での矛盾であるばかりでなく、自己と他の人々との矛盾であり、さらには自己と状況あるいは世界との間の矛盾である。結論 こうして、第二の自分の軀であるいは身体をそなえた主体としては、第三の抵抗物をうけとめながらに結びつき、いっそう展開されることになる。矛盾とは私たちの行動に障碍《しょうがい》あるいは抵抗物をもたらすものであるから、矛盾のうちを生きるということは、多くの障碍にめげずに活動することである。そして、イ抵抗物あるいは障碍が現実あるいは実在への接近のため

身体があるからこそ、身体的欲望としての「情念」も抱かされるし、痛みや苦しみなども受けねばならない。

→ 身体……人を受け身にする

身体を持つことによって人間は受け身の存在になる可能性があるが、その逆境（＝抵抗物）の中でも負けずにがんばれば、人はもっと主体的・能動的になれる!!

＝

「自分の軀で」と「抵抗物をうけとめながら」と「自分で」との密接な関係性！

第3章

のなによりのようすがになることは、旅行にいったり景色を見たりするときにかぎらない。自己自身の内部での矛盾、自己と他の人々との矛盾、自己と状況あるいは世界との矛盾は、私たちがそのなかでたじろぐことなく生きるとき、それぞれの次元において、私たちを現実にふれさせるのだといえよう。

つまり、「経験」となる、ということ!!

「この三つ」すなわち「自分で」「自分の軀で」「抵抗物をうけとめながら」という「経験を経験たらしめる」条件は、密接に関連し合っています。まず「自分で」という能動性は、「自分の軀で」支えられる必要があります。次に「自分の軀で」という条件は、私たちを受動性の刻印を帯びた存在としますが、その結果として私たちは現実の中で様々な矛盾・逆境と向き合わざるをえなくなります。でも、そこでその矛盾の中を能動性を失わずに生き続ける、すなわち「抵抗物をうけとめながら」生き続けていけば、私たちの主体性は強化され、私たちが現実にふれることも可能となるというわけです。

本文メモ

- 「自分で」すなわち能動性……「自分の軀で」支えられる必要
- 「自分の軀で」……人間を情念的・受苦的存在（＝能動性を脅かされやすい存在）にする

↓ 人間は、現実の矛盾、逆境のなかを生きざるをえない

- 自己自身の内部での矛盾／自己と他の人々との矛盾／自己と状況・世界との矛盾

↓ 矛盾、逆境をたじろぐことなく（＝「抵抗物をうけとめながら」）生きることで、能動性（＝「自分で」というありかた）が強化され、現実へふれることが可能となる

↓ 「自分で」「自分の軀で」「抵抗物をうけとめながら」という「経験を経験たらしめる」条件は、密接に関連し合っている!

設問解説

問1 傍線部アの理由を考える問題です。今回のテーマは〈消去法〉なので、あえて選択肢の分析から入りたいと思います。

●A　旅行の意義は自ら考えて行動することにあるので、決まった場所を集団で動いたにすぎない旅行では本当の経験をしたことにはならないから。

⇩「旅行の意義は自ら考えて行動することにある」は、本文で何度も強調される主体性・能動性の大切さを言っており、問題ありません。そして、「決まった場所を集団で動いたにすぎない旅行」は、その主体性・能動性が欠けていることを意味します。その結果としてそんな「旅行」では「本当の経験をしたことにはならない」というのは、したがって正しい。ただ、気になるのは、本文に述べられる〈経験が経験となる三つの条件〉、つまり「自分で」「自分の躯で」「抵抗物をうけとめながら」のうち、能動性すなわち「自分で」という点についてしか述べられていないこと。要素として、不十分なのですね。

●B　集団のバス旅行でも自由な行動ができ、楽しい時間も過ごせるのだが、思い返したときに印象に残る景色や経験がどうしても希薄になってしまうから。

⇩「集団のバス旅行でも自由な行動ができ、楽しい時間も過ごせる」は、**2**段落の「集団のバス旅行がまったく無意味だというのでもなければ（中略）自由な行動も或る程度できる」あたりの記述と合致します。また、「思い返したときに印象に残る景色や経験がどうしても希薄になってしまう」は、**1**段落のバス旅行の具体例の内容から一応根拠がとれます。内容合致的に消せる選択肢ではありません……が、傍線部「本来の意味で出かけたことにも見たことにもならない」すなわち〈団体のバス旅行などは真の意味での経験にはならない〉ことの理由を答えるうえでは、バス旅行が〈真の意味での経験になることの条件＝「自分で」「自分の躯で」「抵抗物をうけとめながら」の三つ〉を満たしていないという要素は欲しい。となると、そのうちの一つも満たせていないBより、一つは言及できているAに軍配が上がるわけです。〈消去法〉においては、このように、どちらがより正解に近いのか、あるいは傷が少ないのか、といった相対的な判断も大切になります。

Cは「準備に時間をかけすぎてしまう」という点、Dは「仲間」とのあれこれに「旅行の意義がある」という点が、本文には一切述べられていません。不適切な内容です。したがって、相対的に傷の少ないAが正解。

解くコツ

〈消去法〉においては、相対評価で傷の少ないほうを選ぶという観点も大切になる。

問2 傍線部イを説明する問題です。まずAは「他者や世界との一体感」、そしてBは「理想の実現」が、それぞれ本文には述べられていない内容です。

● C　自己や他者、世界とのかかわりの中で生じる矛盾は、身体を備えた主体の能動性をより強化し、現実と結びつくための有効な手がかりとなること。

⇩ 「自己や他者、世界とのかかわりの中で生じる矛盾」が「抵抗物をうけとめながら」、「身体を備えた主体」が「自分の軀で」、「能動性」が「自分で」に、それぞれ対応しています。「現実と結びつくための有効な手がかりとなる」は、傍線部中の「現実あるいは実在への接近のためのなによりのよすがになる」の言い換えです。内容合致レベルでの不備はありません。

● D　人間の持つパトス性と主体的に向かい合おうとすれば、多くの障碍に突きあたることになり、それが人をより高い次元へと導く手助けとなること。

⇩ 「人間の持つパトス性と主体的に向かい合おうとすれば、多くの障碍に突きあたる」は「抵抗物をうけとめながら」および「自分で」と対応していると解釈できます。ただ、「自分の軀で」について言及されていないのと、傍線部中の「現実あるいは実在への接近」を「人をより高い次元へと導く」とぼやかして説明してしまっている点で、Cに劣ります。よって、Cが正解。

解くコツ

〈消去法〉においては、相対評価で傷の少ないほうを選ぶという観点も大切になる。

解答

問1 A　**問2** C

テーマ 13　語句の知識を活用しよう

▼問題　別冊 p.52

イントロダクション

語彙を増やすことの重要性

より多くの語・表現の意味を知り、自分自身で使える言葉にしていくこと。それが現代文学習においてどれほど大切なことか。この点は、どれほど強調しても強調しすぎということにはなりません。こまめに辞書を引き、「意味調べノート」「単語カード」などにまとめる習慣をつけておきましょう。

熟語／カタカナ語

とりわけ覚えたいのが、「客観」「主観」などの熟語（＝漢字だけで構成されている語）や、「エゴイズム」「リベラリズム」などのカタカナ語。こうした抽象度の高い語句は、しばしば評論文のキーワードになりますし、それに、文章を読む際のみならず、設問を解くときにも非常に有効な武器となるのですね。

例1

本文　人間はいつでも、自分はあくまで自分であり、他の誰でもないのだという自己意識の一貫性を維持できるわけではない。

（アイデンティティの定義そのもの！）

要約　人間は常にアイデンティティを維持できるわけではない。

「アイデンティティ」という語の意味を知っていれば、情報を端的に圧縮することができる!!

例2

本文 A氏は葛藤した。三日三晩、悩みつづけた。しかしながら結局、答えを出すことはできなかったのである。

問題 傍線部におけるA氏の心情を30字以内で説明しなさい。

正解 愛情と友情のどちらを選ぶのか結論が出せず、思い悩んでいる。（29字）

「葛藤」の、〝相反する思いの間で板ばさみになり、苦しむ〟という意味を知っていれば、記述答案の型も決められる!!

例3

本文 言語の使用は、これまでに存在した、そして今存在する、さらにおそらくは、これから存在するはずのあらゆる人間集団において見られる共通の文化である。

問題 筆者の考えとして適切な選択肢を選びなさい。

正解 言語使用は人間に普遍の営みである。

「普遍」の〝いつ、どこでも通用する〟という意味を知っていれば、本文と選択肢の言い換え対応にも気づける!!

このように、抽象的な語句を多く手にしていれば、本文中の長ったらしい叙述をコンパクトにまとめて読み進めることもできるし、記述の型を決めたりあるいは本文と正解選択肢との間の言い換え対応にも気づけたりするのですね。

問題解説

本文解説

1・2段落

1 生物学の成立から現在に至るまで、あるいはギリシア時代以来、生物に関する最大の謎は、その行動や身体の構造の〈合目的*〉性である。一八世紀まではヨーロッパではまだまだキリスト教の〈創造説*〉が主流であったので、動物の身体がかれらの習性や生活環境に対して実に適切に作られているのは、神が動物をそのようにデザインしたからだと考えられた。生物についての研究は、それをデザインした神の叡智《えいち》を明らかにしたいという動機のもとで行われていた。それで、一八世紀には『昆虫神学――昆虫に関わるすべてに神の完全無欠性が現れていることの証明』(レッサーというドイツ人が書いた)という書物が流行するなどした。

2 当時の自然哲学(自然研究)の基本的姿勢は、生物のみならず、自然現象全般を目的論的に理解しようとするものであった。目的論的な自然理解はアリストテレスにさかのぼるが、とくに一七世紀末から一八世紀にかけては自然現象に対する目的論的説明が幅を利かせ、「太陽が創造されたのは人間を照らすためである」といったたぐいの説明が横行した。気体と温度と圧力の関係を示す「ボイル・シャルルの法則」にその名を残すロバート・ボイルなどは、「自然哲学から目的因についての考察を追放しようとすることは信仰の欠如であり、神に対する罪である」とまで考えていたという。

*合目的 ＝ “目的”に“合致”している

⇩ そのモノの性質が、そのモノの目的に合致している状態!!

例 ハンドルのデザインは、それを握るという目的に合致した形態になっている。

← ハンドルのデザインの合目的性 →

*創造説 ＝ 聖書の記述にもとづき、この世界は神が創造したと主張する説

第3章

生物の行動や身体の構造は、その生物の習性や生活環境に対して目的にかなったものである——ということの理由は、十八世紀までは、キリスト教の創造説を背景に、神がそのように生物をデザインしたからだと考えられていました。したがって生物の研究も、そのデザインに込められた神の叡智を明らかにするためのものだったのです。神が何らかの目的を込めてそれを造形した、という目的論は、自然現象全般について考えられていました。

本文メモ

十八世紀までのヨーロッパ

- 生物……その生物の習性や生活環境に対して目的にかなった行動や身体構造を有している＝目的論
- 理由　創造説……神がそのようにデザインしたから
  ⬇自然現象全般を説明する理論に！

3〜5段落

3 言うまでもなくこうした目的論的な理解は、一八世紀いっぱいかかって〈自然研究から神学的要素が排除されていく〉＊中で否定されていくことになる。同時代のカントがすでに『判断力批判』（一七九〇年）の中で、自然についてのそうした目的論的理解を批判している。

4 カントが言うには、人間は自分の目的のために自然物を利用するのに長《た》けている。たとえば人間は、北極圏に住むならばソリを引かせる目的でトナカイを飼い慣らし、食料とする目的や衣服にする皮を得る目的でアザラシを狩る。しかし、言うまでもなくそうした「目的」は人間にとってのものであって、利用されるトナカイやアザラシ自身にとっては外在的なものである。自然が人間のそうした利用を見越してトナカイやアザラシを用意してくれていたわけでもない。あえて北極圏のような不毛の地に住んだ人々が、たまたまそれらをそのように利用することを思いついただけである。このように、人間が自然を前にしてどのような利用目的を思

＊このように、神を中心とする宗教的な世界観が後退していく現象、すなわち〝脱宗教化〟というプロセスのことを、**世俗化**と呼ぶ!!

いつくかは〈恣意的*〉であるから、あるものの「目的」は客観的・一義的に決まるものではなく、自然についての目的論的理解は恣意的なものとならざるをえない。にもかかわらず、自然が人間の利用目的のために創造されたなどと想像することは、むしろ神に対する冒瀆《ぼうとく》である。

5 一九世紀以降、実証主義の哲学を背景とする近代科学において目的論的な説明は排除されることになり、科学は現象のメカニズムを〈機械論的*〉に説明するものへと変質していった。結論 **というわけで**、現代において科学者が公式の場で「太陽は人間を照らすために存在している」などと口走れば、自らの地位を危うくするであろうことは請け合いである。

*恣意《しい》的＝そうなっていることに必然性がないこと。たまたまそうなっているだけの状態。

*機械論＝生命や自然は機械のようなもので、すべて物理的・化学的な法則で説明できる、という考え方。

神のデザインによって、生物や自然現象は何らかの目的にかなった性質を有しているという目的論は、一八世紀において世俗化が進むなか、否定されていくことになります。そして一九世紀以降の近代科学では、自然現象をある種の機械的なものと考える機械論が主となり、現代科学もまた、その延長線上にあるというわけですね。

本文メモ

十八世紀ヨーロッパ⬇十九世紀以降の近現代科学

- 神学的要素が排除されていく＝世俗化⬇目的論的な自然観も否定されていく
  ⬇近代科学・現代科学では、現象のメカニズムを機械論的に説明する理論が中心に！

6～10段落

6 逆接 **ところが** 生物学においては、最新の研究においてさえ、生物は合目的的に設計された機

第3章

械として語られている。〈*DNAという物質を「遺伝子」と名づけその「機能」を論じるということからして明らかなように、分子生物学において、細胞内の分子のはたらきは、あからさまに目的論的な語彙で説明される。〉遺伝子制御の研究でノーベル賞を受賞したフランソワ・ジャコブは、生物学の歴史を扱った著書『生命の論理』（一九七〇年）の中で、遺伝子制御をコンピュータプログラムとの比喩で説明している。生物と情報機械との類比は、分子生物学の草創期にさかのぼる。

7 並立・累加 **また**、近年登場した「システム生物学」という言葉は、「システムエンジニアリング」との関連をうかがわせるものである。実際のところ、この言葉を広めた北野は「ナイーブである」ことをことわりつつ、〈*生命システムを理解することを航空機という機械を理解することとの類比において語っている〉し（『システムバイオロジー』一四頁）、前章で取り上げたアロンの著作のタイトルにも「生物回路の設計原理」という言葉が使われているのであった（『システム生物学入門　生物回路の設計原理』）。

8 逆接 **しかし**言うまでもなく、生物といえども岩石や惑星と同様に自然物である。目的論的な理解は、通常は人工物についてしか妥当しない。通常は「目的」という概念は制作上の意図との関連でしか考えられないからである。一七、一八世紀に生物のみならず自然現象全般に目的論的理解がなされたのは、それらがすべて神によって意図的に制作されたというキリスト教の信仰が背景にあったからだ。神なき現代において、自然物についてあからさまに目的論的な説明枠組みを当てはめ、生物を「機械」として理解することは、物理学や化学と対比すると独特

*遺伝子 ← 〈次の世代へと身体の形質を遺伝＝遺《のこ》し伝える〉という〝目的〟に注目したネーミング!!

*まず、「類比」は、二つのモノの間に類似点を見出《みいだ》し、両者を重ね合わせて見ること。
＝アナロジー
← ここでは、

航空機……空を飛ぶという〝目的〟を持つ機械
≒
生命システム

と類比し、生命を〝目的論〟的に語るという例を紹介している!!

である。

9 もちろん、だからといって（逆接）「生物学はいかがわしい」などと言うつもりはない。そういう形で整合的に説明できるような仕方で生命現象が推移していることも事実である。また（並立・累加）、現代において生物学的説明に「目的」が大々的に導入されていることは、〈*自然選択という無目的な過程によって生物の合目的性を説明するダーウィンの進化理論〉によって正当化されている。序章で「一八五〇年代に提唱されたダーウィンの進化理論が近年ますます重視されてきている」と述べたが、その主な理由はダーウィン進化論が生物における合目的性を説明してくれるからである。ダーウィン理論が、神による意図的な制作という信仰が果たしていた機能を引きうけているのだと言ってもよい。

10 そもそも、生物に関する最大の謎はその合目的性であり、生物学という科学分野が成立したときにその解明が期待されていたのもまたこの謎についてであるから、目的論的説明を抜きにした生物学は考えられないということなのだろう。

*進化理論
⇩生物は神によって創造されたのではなく、微小な原始生命から始まり、現在の形態へと進化してきた、という説
進化の原動力 ← 自然選択（＝自然淘汰《とうた》）
……生存に有利な（＝その環境で生きていくという目的に合致した）形質を持つグループが生き残り、その形質が子孫に遺伝される

ここまで見てきたように、創造説を背景にした目的論的な自然観は、近現代科学においては否定されました。ところが、生物学だけは、最先端の研究においてさえ、いまだ目的論的な考え方を採用しています。これは、物理学や化学などの他の分野とは対照的なありかたです。ただ、筆者はそのような生物学における目的論的な考え方を否定するわけではありません。確かに生命現象は、何らかの目的に合致した身体構造などを有していますし、〈生存に有利な（＝その環境で生きていくという目

本文メモ

- 生物学……他の科学が機械論的な理論を採用する現代においても、目的論的な考え方をとる

⬅ ただし正当性はある

- **理由** 確かに生命現象は、目的にかなっ

的にかなった〉形質を持つグループが生き残り、子孫にその形質が遺伝される〉と考える自然選択の理論、すなわちダーウィンの進化理論がより重視されるようになっているわけですから。生物学に関するかぎり、目的論的説明を抜きに何かを語ることはできないというわけですね。

設問解説

問1 創造説を背景にした「神による意図的な制作」という考え方が、進化論においてはどのような考え方に変化して受け継がれていったのか、ということが問われています。この問題はいろいろな解き方があるのですが、今回は、「語句の知識を活用しよう」というテーマにのっとった解法を実践してみたいと思います。

鍵になるのは、もちろん、設問文に用意された「進化論」という語。進化論は、ダーウィンに代表される考え方で、〈生物は神によって創造されたのではなく、微小な原始生命から始まり現在の形態へと進化してきた〉という説です。ここでキーワードとなるのが、「自然選択」あるいは「自然淘汰《とうた》」という概念。これは**本文解説**でも触れた通り、

　生存に有利な形質を持つグループが生き残り、子孫にその形質が遺伝される

た形質を有している
＆
ダーウィンの進化理論における自然選択理論も、より重要なものに
⬇生物学は、目的論的な考え方なしには成立しない！

という考え方なんですね。このような「自然選択」を経て、生物は「進化」していく、と。

ここらへんの常識が頭に入っていれば、傍線部「神による意図的な制作」の「神」と対応するのが、おそらくは「自然選択」なのではないか、と類推できるわけです。創造説が有力だった時代には生物の形態は「神」によって作られたと考えられていたが、ダーウィンの進化論においては、それは「自然選択」の結果として作られたものであると考えられるようになった、ということですね。

ここで、本文に戻ります。もちろん、「ダーウィンの進化理論」が話題となっている、**9**段落です。

するとすぐに、キーワード「自然選択」を含む、「自然選択という無目的な過程」というフレーズが見つかるはずです。

さて、このフレーズですが、傍線部「神による意図的な制作」と比較

してみましょう。

神による	意図的な	制作
⟷	⟷	≒
自然選択という	無目的な	過程

と、構成上も対の関係になっていることがわかります。ここまで対応しているわけですから、創造説において唱えられた「神による意図的な制作」に取って代わった進化論バージョンの考え方、すなわち解答は、この「自然選択という無目的な過程」であると判断することができます。

解くコツ
語句・表現の辞書的な意味も、読解の有力な武器になる。

問2 内容合致問題です。

● A 一八世紀までの自然哲学は、それをデザインした神の叡智を明らかにするものだったが、一九世紀以降、自然研究から神学的要素が排除され、目的論的理解は後退していった。

⇩創造説を背景にした目的論が、近代に入り、世俗化の流れのなかで排除されていく、という**3**～**5**段落の内容に合致します。正解です。世俗化という抽象的な語句を知っていれば、本文読解の際にそうした語句で内容を圧縮し、記憶に残しておくこともできたはず。やはり語句の知識は、読むこと解くことの双方において応用すべきものなのですね。

● B 人間はソリを引かせたり食料としたりする目的でトナカイやアザラシを飼い慣らし、アザラシを狩ったが、その行為はトナカイやアザラシにとっては合目的なものである。

⇩「トナカイやアザラシにとっては合目的的」が誤り。それは人間にとって「合目的的」なのです（**4**段落参照）。

● C 「システム生物学」という言葉は、「ナイーブである」とのことわりのとおり、生命システムを理解し、人間性を肯定する言葉のようには思われない。

⇩「人間性の肯定」などは本文のどこにも言及されていません。不適切な選択肢です。

● D 科学的精神の否定と見なされる目的論的説明が現代科学においてなされるのは、その対象が目的論的に破綻なく説明できてしまうことも一つの理由である。

⇩「現代科学」が広すぎ。「目的論的説明」を用いるのはあくまで生物学だけで、物理学や化学はそれを否定します。

解くコツ
語句・表現の辞書的な意味も、読解の有力な武器になる。

解答

問1 自然選択という無目的な過程　**問2** A

テーマ14 傍線部・空欄を含む〈まとまり〉を分析しよう

▼問題 別冊p.56

イントロダクション

〈まとまり〉という観点

言葉はつねに何らかの〈まとまり〉の中で意味を持ちます。大きな枠組みでいうなら文章もまた一つの〈まとまり〉ですし、意味段落、形式段落などと呼ばれるものも、もちろんそう。小説なら、一つの場面や一つのセリフもまた、〈まとまり〉と言えます。そしてそうした〈まとまり〉の最小の単位が、文、すなわち句点（。）の後から次の句点までの範囲なのですね。

傍線部・空欄を含む〈まとまり〉を分析する

言葉がつねに文のような〈まとまり〉の中で意味を持つなら、例えば傍線部の分析を求められたり、空欄に挿入する語句などを考えねばならないとき、その傍線部や空欄を含む〈まとまり〉の分析から始めることが得策となるはずです。とりわけ、いきなり広範囲の〈まとまり〉を分析するのは効率が悪いですから、まずは最小の単位である、傍線部・空欄を含む一文の分析から始めることが大切なのですね。

例1　傍線部の内容を説明せよ。

〔読書を通じ、人は他者と出会うことができる。〕〈まさに［そこ］にこそ、現代文を学ぶ意義があるのだと言えよう。〉

「そこ」の指示内容
＝
傍線部の内容

例2 傍線部の理由を説明せよ。

〈言語が文化を作り上げ、そして言語の体系は無数に存在する。**したがって**、ここまで見てきた様々な事例にも明白なように、人間の文化は多様なものとなるのだ。〉

原因（＝理由）　結果　順接

傍線部の理由＝直前の一文

例3 次の内容は、どういうことか。

〈**歴史を学ぶことは**、ノスタルジックに悠久の昔へと思いをはせることなどではなく、かつての時代と対照することで、現代をより深く理解するための行為なのだ。〉

主語（部）　述語（部）

主語・目的語・述語などの構造（＝文の成分）を整理することで、情報がよりわかりやすくなる。

例4 空欄にあてはまる語句を答えよ。

〈現代思想は、［　　］的な真理を想定することを否定し、物事の価値は他者との関係の中においてしか生じないという、相対的な考え方を主張した。〉

［　　］に入る語句＝「相対」の対義語

このように、傍線部や空欄を含む一文中に指示語・つなぐ言葉がある場合は指示内容や接続表現が示す論理関係がヒントとなることが多いですし、あるいは、傍線部や空欄が一文中の述語（部）内にあるなら、主語や目的語などを把握することが大切になります。また、傍線部や空欄を含む一文内の対比・因果・換言などの構造も、要注意ですよ！

○問題解説

本文解説

1〜3段落

1 人間が考えつく話の筋、物語には、何か人類共通の法則性があるのではなかろうか——。そういうことをじっさいに科学的に解き明かした学問がある。

2 旧ソヴィエト連邦時代のロシアに、ウラジーミル・プロップ（1895—1970）という民話研究家がいた。彼はロシアに伝わる古い民話や魔法昔話のストーリーを研究するうちに、いくつもの要素がストーリーを構成していることに気づいた。具体的にいうと、アファナシェフという研究者が採集したロシアの民話と魔法昔話のうち、プロップは百話を選んで分析したのだ。その結果、それらが同じ構造からなる要素の類型から成り立っているという結論に達したのである。そして（並立・累加）プロップは、物語を構成する要素を三十一にまで絞りこみ、それを用いた物語の分析を、1928年に『昔話の形態学』という本にまとめて出版した。たとえば「留守」「禁止」「違反」「謀略」「出立」「加害」「欠如」「仲介」「闘い」「勝利」「不当な要求」「難題」「解決」「変身」「処罰」「結婚あるいは即位」というようなプロップの名づけた物語の機能を並べていくと、たちまちいくつもの昔話や童話のストーリーを構成する要素が思い浮かぶだろう。たとえば「シンデレラ」や「白雪姫」だって、右のなかのいくつかの機能からできている。また（並立・累加）、プロップは登場人物も、次の七つに分類している。「主人公」「ニセ主人公」「敵対

具体例

冒頭に提示した抽象的なテーマに対する例として、プロップの研究を紹介!!

→ ロシアの民話・魔法昔話は、

三十一パターンの構成要素
&
七パターンの登場人物

で構成されている!!

者（加害者）」「贈与者」「助手」「王女（探し求められる者）とその父」「派遣者」。昔話だけでなく、現代のファンタジーやゲーム・ストーリーにも、そのまま当てはまりそうだ。

3 逆接 しかしプロップの『昔話の形態学』は、スターリンが権力を強めつつあったソ連で発禁処分となった。アヴァンギャルド芸術運動が厳しく統制されるなかで、この地味な仕事もいわばとばっちりを受けたのである。日の目を見なかったその仕事は、逆接 しかし1960年代になって「構造主義」が台頭したときに、構造分析の草分けとして世界中から注目されるようになる。

→ プロップの分析は、後に、構造主義によって再評価される！
※構造主義とは……？

話題の中心は、物語の筋に潜む人類共通の法則性を科学的に解き明かした学問。その具体的な業績として、筆者はまずウラジーミル・プロップを挙げます。プロップは、ロシアの民話と魔法昔話を構成する要素を三十一のパターンに、そして登場人物を七つのパターンに、それぞれ絞り込んで分類したわけですね。彼の分析した百話もの物語が、皆、このパターンの組み合わせで説明できる、と。そしてこのようなプロップの発見は、後に構造主義によって再評価されます。

本文メモ

- 話題の中心＝物語の筋に潜む人類共通の法則性を科学的に解き明かした学問

↑

- ウラジーミル・プロップ……ロシアの民話・魔法昔話→三十一パターンの構成要素、七パターンの登場人物に還元される

→構造主義による再評価！

4〜8段落

4 構造主義を樹立した大思想家の一人、フランスの文化人類学者クロード・レヴィ＝ストロース（1908―2009）は、神話の構造分析をライフワークにした。彼は言語学者ソシュール（1857―1913）やロマン・ヤコブソン（1896―1982）の築いた言語学から「構造」の概念を学び、それを神話のストーリー分析に応用したのである。

→ レヴィ＝ストロース、ソシュール、ヤコブソンなどの考えを参照しながら、「構造主義」について説明する流れ。

5 「構造」の概念を説明するために、いったんソシュールにさかのぼってみよう。ソシュールは人間の言語を、ある言語に共通の体系的な構造と、じっさいに個人の日常で交わされる千差万別の発話の現象に二分した。前者を「ラング」といい、後者を「パロール」という。日常生活で私たちは、役者が覚えたセリフを演じる場でもない限り、まったく同一の発話を繰り返すことは、まずない。各人がその場その場で、異なる発話をする。しかし、日本語なら日本語に共通のルールの体系が共有されているために、会話として通じるのである。［換言］つまり同じ「構造」からなることばを、互いに使用しているわけだ。その構造が「ラング」であり、現象面で個人が千差万別に交わす発話が「パロール」なのである。

→ 個々人の発話＝パロール ⇔ その言語に共通のルールの体系＝ラング　たとえば文法などは、その典型!!　＝構造

6 またソシュールは言語学を、通時言語学と共時言語学に区別した。歴史的な視野で時間軸に沿って動的な変化を観察するのが「通時的diachronic」であり、ある一定の時点における変化や差異を静的に観察することが「共時的synchronic」である。先ほど紹介した「ラング」は、この共時言語学に属することになる。通時と共時は、時間に沿った水平軸と、同じ時間上で広がる垂直軸のようなものだ。その水平軸と垂直軸を言語の構造に当てはめると、単語を連

→ 言語の構造の具体例

結合……私＋は＋ごはんを＋食べる（単語の連結）

選択……［私］はごはんを食べる。← "私・僕・あなた・君・彼……"という無数の候補の中からの選択。

結して文章を構成する「結合」（これは水平軸）と、同じ位置で単語を選ぶ「選択」（こちらは垂直軸）の構造になる。

7 ソシュールのこの構造概念を受け継いだヤコブソンは、例示 たとえば失語症の患者がことばの「結合」で失敗する症例と、「選択」がうまくできない症例があることを考察している。つまり、ソシュールの考えた「通時／結合」と「共時／選択」の構造には、［　　］があることが証明されたのである。それによって詩のような文学的表現の機能も、「結合」と「選択」のそれぞれの面から分析されていくことになった。

ソシュールの理論は、医療など他の分野にも応用できる！

8 結論 このように「構造」というものを知ると、一気に考察や探究が科学的というか、原理的になることが分かるだろう。世界中に構造主義の影響が広がったのも当然である。

ここはかなり難しかったかと思います。構造主義における〈構造〉という概念を、〈ラング／パロール〉〈共時／通時〉〈選択／結合〉というソシュールの理論を用いながら説明しているのですが、《僕ら個々人の言語行為は、目には見えないけれど確かに存在する「共通のルールの体系」によって初めて可能になる（文法などが、その典型）。そしてそのような体系＝システムこそが、構造と呼ばれる概念なのだ》、ということがイメージできれば十分です。この点を踏まえて右の書き込みを熟読すれば、もう少し具体的に理解できるはずです。ぜひ、再読してみてください。

本文メモ

ソシュールの言語観

- 実際に個々人の口にする発話＝パロール

↔

- その言語の話者に共有されている、共通のルールの体系＝ラング⬇これが、言語における構造！

● 言語の構造の例……結合＝単語を連結して文章を構成する際のルール……例 主語の後に目的語、そして述語

選択＝同じ位置で単語を選ぶ際のルール……例 主語を「私」にするか、「僕」にするか

9〜13段落

9 転換 さて、レヴィ＝ストロースは、若いころに十年間ブラジルで先住民族の現地調査に没頭した。それからヤコブソンと出会って構造の概念を学んだのちに『親族の基本構造』を発表し、構造人類学の基盤を樹立するわけだが、さらにその成果は膨大な神話研究『神話論理』となって実を結んだ。二十年がかりで書かれた全四巻の『神話論理』で紹介され分析された神話は、八百を超える。並立・累加 しかも南北アメリカを縦断する範囲の広さである。それらの神話はひとつひとつ見ると、まるで人を困らせる謎なぞのような、わけの分からない事件や、突拍子もない展開に満ちている。逆接 しかしレヴィ＝ストロースの根気強い考察は、それらに共通した文法というべき構造を浮かび上がらせたのである。

→ 分析

レヴィ＝ストロースは、ソシュールらの構造概念を応用し、南北アメリカの神話を分析 ← 「共通した文法」（＝構造）を発見!!

10 そのさいにレヴィ＝ストロースは、〈対立〉と〈変換〉を駆使している。〈対立〉は、例示 たとえば正義と悪、火と水や空と土、若者と老人、出産と死、口と肛門、「東の王」と「西の魔女」、「わがままな姉」と「おとなしい妹」のような対立要素からなる構造である。今日の小説を含めた世の中のあらゆる物語にも、この対立の構造はいたるところに含まれている。

11 並立・累加 そして神話のヴァリエーションは、その基本構造をまったく逆のものにしたり、高次のものを低次にしたり、人を動物にしたり、悲劇を喜劇にしたり、さまざまに〈変換〉した結果

→ 神話の構造

〈対立〉＝ ＊〈勇者／魔王〉などのパターンを想定すると分かりやすい!

その〈対立〉関係をあれこれと〈変換〉すると様々なヴァリエーションの神話になる

→ 様々なヴァリエーションの神話も基本的な対立構造から派生したもの!!

生まれる。逆にいえば《換言》、変換の道筋を突きとめれば、一見似ても似つかぬ神話のあいだに潜んでいる同種の構造が読み解けることになる。

12 その結果、レヴィ＝ストロースは多くの南北アメリカの先住民族の神話において、文明以前の原始の状態から火や道具を用いる暮らしへの変化が、原罪のように、コンプレックスのように、あるいは滑稽なあやまちのように、象徴的に物語られていることを明らかにしたのである。数千キロも隔たり、山脈や大河や海に阻まれ、部族も言語も異なる彼らのあいだで、神話の伝承がネットワークのように相互に共有された可能性はきわめて低い。にもかかわらず同じ構造の神話が〈変換〉の魔法によって、無限といってもいい多彩さで分布しているのだ。

13 まるで無限に広い宇宙が共通の物理的な法則から成り立っているのを発見した天文学者や物理学者のような仕事を、レヴィ＝ストロースは神話を相手に行ったといってもいい。プロップが民話を対象に考察して発見した物語の構造を、レヴィ＝ストロースは神話という人類規模の文化の構造にまで拡大したのである。

> 遠く離れた異なる部族との間で、神話の構造が共有されている!!
> ＊**1**段落「人類共通の法則性」を参照

> プロップがロシアの物語に見出《みいだ》した共通構造を、より広い範囲で発見した!!

ソシュールの構造の概念は、ヤコブソンへ受け継がれ、そしてレヴィ＝ストロースにおいて構造人類学として応用されていくことになります。つまりレヴィ＝ストロースは、ソシュールの説く言語の構造を、南北アメリカ先住民に伝わる神話の分析に用い、そこにまさに神話の構造というべき「共通した文法」を見出したのですね。〈対立〉と〈変換〉という観点で分析すると、距離的に隔たり、部族も言語も異なる集団間において、神話における「同種の構造」を抽出することができる、と。まさに、プロップがロシアの内に限定して見出した、物語における「共通の法則性」を、レヴィ＝ストロースは南北アメリカ、そして人類全般というより広い文脈で、神話の中に発見したわけです。

本文メモ

● レヴィ＝ストロース⬇ソシュールの構造概念を、人類学へと応用⬇人類の神話には、共通の法則性がある！

＊とある基本的な〈対立〉構造を様々に〈変換〉した結果、多くのヴァリエーションが生まれる

⬇（逆にいえば）

それぞれのヴァリエーションは、もとをたどれば同じ基本的な〈対立〉構造（＝共通の法則性）から派生したもの！

設問解説

問1 空欄に入る表現を選ぶ問題ですが、もちろん、まずは空欄を含む一文を読むわけです。すると、

> つまり、ソシュールの考えた「通時／結合」と「共時／選択」の構造には、［　　］があることが証明されたのである。

と、冒頭に換言のつなぐ言葉「つまり」があるとわかります。要するにこの問題は、直前までの内容を整理すれば解答の方向性が見えてくる可能性が高いということ。ですから直前の一文を見てみると、

> ソシュールのこの構造概念を受け継いだヤコブソンは、たとえば失語症の患者がことばの「結合」で失敗する症例と、「選択」がうまくできない症例があることを考察している。

とある。ソシュールの分析対象はあくまで言語ですが、ヤコブソンはそれを、医療の文脈にも応用したわけですね。つまり、「ソシュールの考えた『通時／結合』と『共時／選択』の構造」は、分野・領域を超えて認めることができます。この段階で、〈いつ・どこでも通用する〉という意味の「普遍性」という概念に着地している、Aが正解であることがわかります。「人間科学的な」という点については、医療はそもそも人間についての科学ですし、ソシュールの言語学もまた、「科学的」な「学問」（❶段落参照）の一つですから、問題ないと判断できるはずです。

Bの「恣意性」は〈必然性がない。たまたまそうなっている〉の意で、右の分析と合致しません。Cは医療の問題を無視して「言語学」に限定している点がまずい。逆にDは、言語の領域を無視して「医学」に限定している点が誤りです。「特殊性」も、「普遍性」とは正反対の意味ですね。

解くコツ 傍線部・空欄を含む一文中のつなぐ言葉に着目する。

問2 傍線部の内容を踏まえ、レヴィ＝ストロースが明らかにした事柄を整理する問題です。傍線部を含む一文は、

　プロップが民話を対象に考察して発見した物語の構造を、レヴィ＝ストロースは神話という人類規模の文化の構造にまで拡大したのである。

　つまり「レヴィ＝ストロース」（＝主語）は、「プロップ」の「発見した物語の構造」を（＝目的語）、より「拡大した」（＝述語）わけです。プロップの発見した構造とは、ロシアの民話や魔法昔話の中に共通する構造でしたね？　である以上、それを「拡大した」レヴィ＝ストロースの業績もまた、何かしらの対象群に共通する構造を見出した、ということになるはずです。もちろん、レヴィ＝ストロースの分析した対象群は南北アメリカの神話ですから、傍線部を踏まえて読み取れる「レヴィ＝ストロースが明らかにした事柄」は、〈南北アメリカの神話の中に、共通する構造を発見した〉というような内容になるはず。これに該当する記述を含むのは、Dだけですね？　この選択肢の前半の「部族間で神話の伝承が共有された可能性は低いにもかかわらず」という内容に関しては、12段落の「数千キロも隔たり、山脈や大河や海に阻まれ、部族も言語も異なる彼らのあいだで、神話の伝承がネットワークのように相互に共有された可能性はきわめて低い」という記述の言い換えとなっています。Dが正解。

　Aは「すべての神話において悲劇的に物語られている」が誤り。「喜劇」的な物語もあります（11段落）。Bは、「変換の道筋を発見する」のはレヴィ＝ストロースのような学者の仕事であり、「神話」の「主題」ではありません。Cは「写実的」という箇所が、本文の「象徴的」（12段落）という記述と矛盾します。

解くコツ 傍線部・空欄を含む一文中の文の成分（主語・目的語・述語など）に着目する。

解答

問1　A　問2　D

テーマ
15

筆者の主張を理解する
——最も大切な「解き方」

▼問題　別冊p.60

イントロダクション

文章を書くことの目的

筆者は、いったい何のためにその文章を書いたのか。それは、筆者の中に、世の中にどうしても問いたいこと、すなわち自らの意見＝主張があったからですよね。である以上、読者がその文章を読むことの意味は、まず第一に、筆者の主張をつかむことにあるはずです。この本の第1章・第2章も、まさにそのための方法・観点について言及していたわけです。

究極の解法＝主張の把握

大学入試評論文の多くは、主としてその最後のほうの設問で、筆者の主張そのものズバリを答える問題を出題しています。しかし、それだけではありません。実は、端的に主張を問うような問題でなくとも、つまり、文章の細部の分析を問うような問題においても、主張の把握は、しばしば絶大な効力を発揮する解法となるのですね。前回、傍線部・空欄を含むまとまりという観点を紹介しましたが、究極的には、どんな細部も、本文全体というまとまりのなかで意味を持つわけです。であるなら、本文全体を貫く筆者の主張が細部の分析に威力を発揮するのは、当然のことだと言えるはずです。

例題　次の文章を読んで後の問題に答えなさい。

近代、そしてその延長線上にある現代という時代は、効率性・合理性というものに価値を置き、社会のあらゆる場面においてその実現を追求してきた。結果として、確かに我々は、かつての人間たちには想像すらできないほどの利便性に富んだ「豊かな」生活を送っている。

（逆接）だが、本当にそれは、幸せなことなのか？（問い）

あらゆる文脈で効率性を絶対的な価値に据えるような生き方に、我々はどこか息苦しさを感じているのではないだろうか？（答え）

そう。

（主張）合理性の追求において排除されてきた無駄や不合理こそが、もしかしたら我々人間にとって大切なものであったのかもしれないのだ。

近代→現代
……効率至上主義

筆者は効率至上主義を批判し、不合理の価値を主張している!!

問題　傍線部『豊かな』生活とあるが、ここで「豊かな」という表現に「　」が付されているのは何のためか。その説明として適切なものを、以下のA～Dから一つ選びなさい。

A　その表現が、本文読解上の重要なキーワードであることを強調するため。
B　その表現が、他の文章からの引用であることを示すため。
C　その表現が、筆者の主張の論拠となっていることを強調するため。
D　その表現が、通常とは異なる意味合いを含んでいることを示すため。正解。

筆者は「不合理」を評価しているのだから、効率を追求した結果としての現代社会のありようを良く思っていない

「豊かな」…皮肉を込めた表現!!

何度でも繰り返します。大学入試評論文において、究極の解法は、主張の把握なのですね。つまり、本書「第1章」「第2章」の「読み方の大原則」は、実は「読み方」であると同時に、「解き方」の「大原則」でもあったわけです。〈読む＝解く〉、これこそが、皆さんが現代文という科目を克服していく上で最も大切な考え方であることを、強調しておきたいと思います。

問題解説

本文解説

1・2段落

1 一九四五年三月一〇日に、米軍のB29はおよそ二時間半にわたって東京を爆撃した。焼《しょう》夷弾《いだん》による波状絨毯《じゅうたん》爆撃。抵抗はほとんどなく、東京の半分は焼きつくされて廃墟《はいきょ》と化した。市民の死者は八万人以上、負傷者は四万人を超え、非武装の市民の犠牲は、その五ヵ月後ヒロシマの被害に匹敵する。

→ 東京大空襲におけるすさまじい被害・犠牲者

2 私は何をしていたか。東京の大学の附属病院で内科の医者として働いていた。運よく病院は焼けなかったが、隣接する上野、神田、浅草などの地区は火の海となり、家を失い、家族にはぐれ、火傷《やけど》に苦しみながらもかろうじて脱出した多数の人々が病院に集まって来た。しかし、病院の寝台は少なく、病室はせまく、患者は廊下にまで溢《あふ》れた。**しかも**（並立・累加）薬剤は不足し、輸血用の血液をもとめることはできない。**そして**（並立・累加）何よりも人手が足らなかった。それほど多くの患者の手あてに応じるためには医者も足りず、看護婦も足りない。われわれはみんな昼夜

〈具体的経験談〉
私＝内科の医者

→ 極限的に過酷な状況……

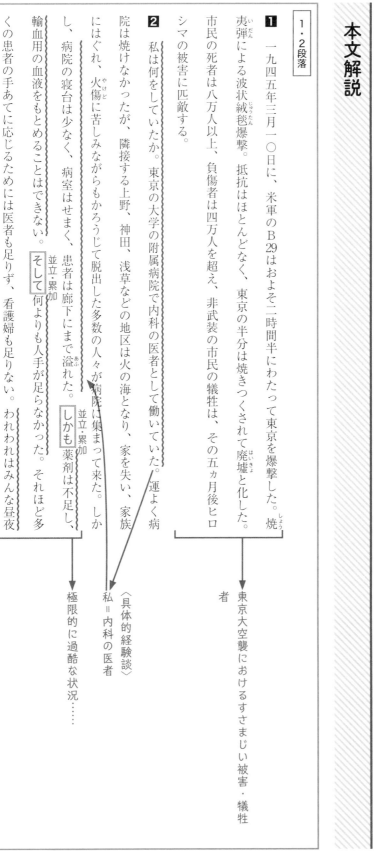

をおかず働きつづけた。そうして疲れきった時に、二、三時間だけ眠るという日が一週間も十日も続いたのである。私は今でも、床に寝ている患者をまたいで走るように廊下を歩いたことを思い出す。その時私の念頭には少しでも早く目標とする病人のところへ行くことの他に、どういう想念も感情もなかった。私にできることは何であったか。一人の男の激しい痛みを、——もし心臓の状態がよく十分な血圧があれば、鎮痛剤を用いて軽くすることであった。

他に何も考えられず、ただひたすらに患者の手あてに没頭

❶段落は、いわゆる東京大空襲における甚大な被害や犠牲についての客観的な説明ですが、続く❷段落では、「私は何をしていたか」と、その東京大空襲という出来事の中における〈自らの体験〉についての言及が始まります。こうした体験談は、往々にして、後に抽象的な意味づけがなされ、そこに筆者の主張が展開される可能性が高いので、要注意です！

本文メモ

- 東京大空襲下における筆者の経験談
- 筆者＝医者➡過酷な状況の中、負傷者の治療に没頭し、「他に、どういう想念も感情もなかった」

3〜6段落

❸戦争も、爆撃も、火傷さえも、与件であって、変えることはできない。私は私にできることをするのに忙しくて、できないことについて理解を深めたり感傷的になったりする心理的または心身的な余裕はなかった。それが東京大空襲についての私の［　　］体験である。

直前段落の内容を反復

対比
できることに没頭する➡○ ⇔ 考えたり感じたりする➡×

❹「反戦」というような考えが出て来たのは、それ以前、またはそれ以後のことだ。それは私だけではなく、歴史的事件に何らかの意味で参加した多くの当事者がその事との係《かか》わりで体験した普遍的なことであろう。事件の大きさにくらべて事件との接点はきわめて

出来事の渦中にあるときは、考えたりできない！
← 時間が経って、初めてそれが可能になる！

小さい。東京大空襲は歴史的事件であり、その原因も、経過も、結果も、証言され、叙述され、分析されている。しかしそういうことを私が知ったのは、何年も後になってからである。私が直接知っていたのは爆撃直後の病院の内側でのことだけだ。その狭い空間の中で、私は事件の全体を〔理解〕しようとしていたのではなく、〔観察〕しようとさえしていなかった。

5 そうではなくて、事件の被害者の小さな部分、われわれの眼の前に居た数百人の市民にたとえわずかでも医療を行っていたにすぎない。爆撃という事件の当事者は、加害者と被害者である。被害者に働きかける医者も小さな当事者である。当事者は行動し、観察者は行動しない。私はその時、東京市民と同じ目的、——何とかして生きのびる目的を共有し、彼らと共に当事者として全力を傾けて行動していたのである。

6 一九三七年末「南京陥落」を祝う提灯《ちょうちん》行列に私は参加しなかった。四一年一二月「真珠湾の攻撃」を歓迎することもなかった。四五年九月には「ヒロシマ」へ行ったが、その主要目的も観察と調査であって死者を弔うためではなかった。私は歴史的大事件の真ん中へとび込まず、ある距離を置いて事件に対そうとした。そのために同胞市民との距離は次第に開いた。その距離がほとんど完全に消え、私自身が全く市民の一人になったのは、あの三月一〇日とその後に続く数週間のことである。（逆接）しかし時が経つにつれて、そのことを次第に鋭く意識するようになり、同時にその意識が私だけのものではなかったということをも発見するようになった。

できることに没頭する

当事者
できることに没頭する＝行動する ↔ 考えたり感じたりする
観察者

↓東京大空襲下の筆者は、まさに「当事者」だった!!

具体例 → 観察者

当事者

観察者

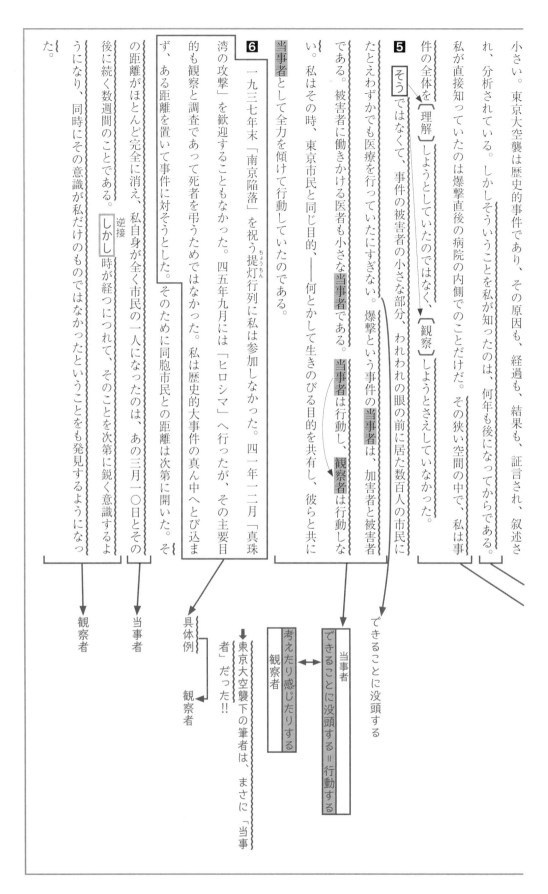

まず**3**段落冒頭では、直前段落の〈負傷者の治療に没頭し、「他に、どういう想念も感情もなかった」〉という内容が、「私は私にできることをするのに忙しくて、できないことについて理解を深めたり感傷的になったりする心理的または心身的な余裕はなかった」と繰り返されます。ここで、〈出来事の中、何らかの行動に没頭すること〉と〈その出来事について考えたり感じたりすること〉が対比されていることに着目しておきましょう。この対比は**4**段落全体でも反復され、そして**5**段落では、〈出来事の中、何らかの行動に没頭する人間＝「当事者」〉、〈その出来事について考えたり感じたりする人間＝「観察者」〉と、それぞれについて抽象的な意味づけがなされます。つまり筆者は、東京大空襲という出来事の渦中においてはあくまで「当事者」であり、「観察者」になれたのは「時が経つ（**6**段落）」という条件を満たしてからのことだった、と言いたかったのですね。

本文メモ

- 出来事の渦中で……
  - 当事者＝何らかの行動に没頭する人間
  - 観察者＝その出来事について考えたり感じたりする人間

⬇出来事に対して当事者ではなく観察者のスタンスをとることができるには、時の経過という条件が必要！

7・8段落

7 例示 **例えば** 堀田善衛《ほったよしえ》は、目黒の友人宅から深川の知人宅に向かって焼け野原を徒歩で横断した。そして偶然「焦土を臠はせ給ふ」（当時の新聞の見出し、今制限漢字には含まれないだろう一字はミソナワスと読む）天皇の車列に出会う。焼け跡を彷《さまよ》っていた臣民＝難民は、その姿に土下座して、涙を流しながら、申し訳ありません、申し訳ありません、とくり返していたという。一九七一年にそのことを思い出しながら、堀田は「無常観の政治化politisation」（『方丈記私記』、「政治化」はサルトルの用語）を指摘していた。彼は四五年に焦土を観察し、その観察をその後二五年間深め、広い視野を開いたのである。

→ 堀田もまた、筆者と同じく、出来事から時が経ってから「広い視野を開いた」、すなわち「観察者」となれた!!

8 並立・累加 **さらに** 二〇年が経って、遠い少年時代の残酷な体験をふり返り、『方丈記私記』の堀田

→ 時が経ち、行動が不可能になると「事件の全体を見透かす」、つまり「観察」することができる!! ← 国弘も、筆者や堀田と同じ!!

第3章

の観察を思い出したのは国弘正雄《くにひろまさお》氏である（「物思わせる三月十日」、『軍縮問題資料』一九九二年四月）。国弘氏は「無常観の政治化」を「政《まつ》りごとに対する諦め」と訳して、堀田と同じように、そこに違和感を感じていた。時が経てば、事件のすじ道を変えるために行動することはできない。行動が不可能になったとき、観察の対象との距離が生じ、事件の全体を見透かす可能性が生じる。

堀田善衛、国弘正雄の著作を分析する箇所ですが、前者については「四五年に焦土を観察し、その観察をその後二五年間深め、広い視野を開いた」とあり、後者についても「時が経てば、事件のすじ道を変えるために行動することはできない。行動が不可能になったとき、観察の対象との距離が生じ、事件の全体を見透かす可能性が生じる」とあります。両者とも、筆者と同じく、〈出来事に対して当事者ではなく観察者のスタンスをとることができるには、時の経過という条件が必要！〉という考え方を体現した存在であるわけですね。

本文メモ

- 堀田善衛……焼け野原で天皇に土下座する臣民の姿について、二五年後に深い観察が可能になった
- 国弘正雄……時が経ち、対象との距離が生じたことで、堀田の言及した事件の全体を見透かす（＝観察する）ことが可能になった

⬇出来事に対して当事者ではなく観察者のスタンスをとることができるには、時の経過という条件が必要！

9・10段落

9 逆接 しかしそれだけではない。行動（参加）と観察（認識）との間には絶つことのできない密接な関係がある。六〇年前に私は臨床医であった。臨床医の理想は、第一に診断、第二に治療であって、その逆ではない（実際には治療を先行させなければならない場合もある）。診断

＝ “行動すること＝当事者であること”と“観察者であること”は、密接な関係!!

を誤れば適当な治療を期待することはできないからである。しかし医師の行動の目的は治療であって診断ではない。もし私が三月一〇日に焼夷弾の降る東京の真中の病院にいなかったら、あれほど強い被害者との連帯感は生じなかったろう。

10 もしその連帯感がなければ、なぜあれほど悲惨な被害者を生み出した爆撃、爆撃を必然的にした戦争、戦争の人間的・社会的・歴史的意味についての執拗《しつよう》な関心はおこらなかったろう。知識の動機は知識ではなくて、当事者としての行動が生む一種の感覚である。しかし（逆接）戦争についての知識がなければ、反絨毯爆撃・反大量殺人・反戦争は、単なる感情的反発にすぎず、「この誤ちを二度とくり返さない」ための保証にはならぬだろう。堀田も、国弘氏もその関係を見事に把握していた。

当事者として行動するから、知識を求めるようになる

＝

知識があるからこそ、意味のある行動がとれる（良き当事者になれる）

知識 → 観察によって手に入れるもの！

直前までの〈出来事に対して当事者ではなく観察者のスタンスをとることができるには、時の経過という条件が必要〉という考え方に対し、筆者はさらに、「行動（⬇当事者）」と「観察（⬇観察者）」との間には「密接な関係」があることを指摘します。「当事者」としての「行動」が「知識」を求め（＝観察者としてのありかたを要求し）、逆に「知識（＝観察者の視点から得られるもの）」があって初めて、意味ある「行動」をとることができる、すなわち「当事者」になることができる、というわけです。要するに筆者は、〈当事者と観察者とは異なるけれど、両者は相互に補完関係にある〉と主張したかったのですね！

本文メモ

●〈当事者＝何らかの行動に没頭する人間〉と〈観察者＝その出来事について考えたり感じたりする人間〉との関係

⬇当事者であることが観察者であることにつながり、観察者であることが当事者であることを可能とする！

＝

主張 当事者と観察者とは、相互に補完関係にある！

設問解説

問1　空欄に入る語を選ぶ問題ですが、前回の学習をふまえ、まずは空欄を含む一文を読んでみましょう。

それが東京大空襲についての私の□体験である。

〈それが＝主語／東京大空襲についての私の□体験である＝述語（部）〉という関係性に気づければ、指示語「それ」の指示内容が空欄に入る語を決めるうえでの決定打になると判断できますよね。というわけで、さらに直前の一文を引用すると、

私は私にできることをするのに忙しくて、できないことについて理解を深めたり感傷的になったりする心理的または心身的な余裕はなかった。

とあります。もう気づけましたね？ 指示語「それ」の指示内容であるこの一文は、要するに、〈東京大空襲下において筆者が「観察者」にはなれずに「当事者」に徹していたこと〉を言っているわけです。そしてその内容を指示語「それ」で受けて、「私の□体験である」と意味づけている。もちろん正解は、C「当事者」ということになります。本文全体を貫く主張をしっかりと把握していれば、この判断は即座に可能であったはず。主張を端的に問うような問題でなくとも、主張の把握は、設問を解くうえでしばしば極めて重要な鍵となるのですね。

解くコツ
評論文における究極の解法は、主張の把握である。

問2　内容合致問題なので、個々の選択肢を〈消去法〉で分析するのが得策です。

まずAは、「加害者と被害者の複雑な関係を整理分析し」という箇所が誤り。本文で筆者が解きほぐした関係性は、「当事者」と「観察者」のそれです。

次に、Bは飛ばしてCに進みます。「『南京陥落』の提灯行列に参加せず、『真珠湾攻撃』を歓迎する人々の輪にも加わらず」という箇所は、出来事と距離をとる「観察者」の態度の具体例です。この選択肢は、かつてこうした「観察者」の態度をとったことについてそれを「悔やまれること」と述べていますが、これはおかしい。なぜなら筆者は、「観察者」であることと「当事者」であることの相補的な関係性——要するにそのどちらともが大切であるということを主張しているわけですから、「観察者」の態度を否定することなどありえないのですね。

Dは単純に、「謙虚さを感じ」「敬意を抱いた」という箇所が不適。本文のどこにもそのような記述はありません。

Eに関しては、「対象との係わりを一切断った観察や調査こそが歴史

的大事件を考察する唯一の方法」といってしまうと、筆者が「観察者」の存在だけを認めて「当事者」というありかたを否定していることになってしまいます。「観察者」と「当事者」の相互補完的関係を主張する筆者が、このようなことを述べるわけがありません。間違いです。

さて、ここまでの分析ですが、選択肢A、C、D、Eについては、筆者の主張と矛盾する、という点で誤りであることが判断できました。このように、主張を把握しておけば、より効率的に誤答を誤答と見抜くこともできるわけですね。

そして最後に、残りの選択肢、すなわち正解のBですが、これだけが、「観察者」と「当事者」であることとが「同時に」大切となること、すなわち、筆者の主張である「観察者」と「当事者」の相互補完的関係について、しっかりと言及することができているのですね。単なる内容合致でも、結果として、筆者の主張を把握することが求められていたことがわかりました！

解くコツ

評論文における究極の解法は、主張の把握である。

解答

問1　C

問2　B

小池　陽慈（こいけ　ようじ）

1975年生まれ。早稲田大学教育学部国語国文科卒業。早稲田大学大学院教育学研究科国語教育専攻修士課程中退。早稲田アカデミー、四谷学院、Z会東大マスターコース等をへて、現在、河合塾・河合塾マナビスおよび国語専科塾の博耕房に出講（指導科目：現代文）。河合塾ではテキスト作成の全国プロジェクトのメンバーも務めている。

現代文を指導する際のモットーは「本文と誠実に向き合う」こと。「究極の解法は、筆者の主張を把握することである」という点にこだわった指導を実践。また、そうした読みを通じて多くの若者たちの目が社会や世界へと開かれていくことに、予備校講師・参考書執筆者として至上の喜びを感じている。

受験指導と並行して原稿依頼を複数の出版社から受け、日々執筆に勤む。本人名義の「note」（https://note.com/gendaibun）では、読書案内やオリジナル教材などを公開中。

単著に『大学入学共通テスト　国語［現代文］予想問題集』（KADOKAWA）、『無敵の現代文記述攻略メソッド』（かんき出版）、『一生ものの「発信力」をつける　14歳からの文章術』（笠間書院）がある。共著は、『どうする？　どうなる？　これからの「国語」教育』（幻戯書房）、『論理国語』（第一学習社）など。

小池陽慈《こいけようじ》の
現代文読解《げんだいぶんどっかい》が面白《おもしろ》いほどできる基礎《きそ》ドリル

2021年２月19日　初版発行

著者／小池《こいけ》　陽慈《ようじ》

発行者／青柳 昌行

発行／株式会社KADOKAWA
〒102-8177　東京都千代田区富士見2-13-3
電話　0570-002-301（ナビダイヤル）

印刷所／株式会社加藤文明社印刷所

●お問い合わせ
https://www.kadokawa.co.jp/（「お問い合わせ」へお進みください）
※内容によっては、お答えできない場合があります。
※サポートは日本国内のみとさせていただきます。
※Japanese text only

定価はカバーに表示してあります。

ISBN 978-4-04-604805-9　C7081

入試対策最初の一歩

小池陽慈の

現代文読解が面白いほどできる基礎ドリル

別冊

（問題）

この別冊は、本体（本冊）からていねいに抜き取ってください。
なお、この別冊抜き取りの際に損傷が生じた場合、お取り替えはご遠慮ください。

小池陽慈の 現代文読解が面白いほどできる基礎ドリル

別冊

河合塾講師
小《こ》池《いけ》陽《よう》慈《じ》

KADOKAWA

もくじ

別冊

本冊

M E M O

テーマ 1 つなぐ言葉に着目する

▼解答・解説　本冊p6

問題

次の文章を読み、あとの問いに答えよ。　標準　15分　東海大・改

1 たとえば、ヨチヨチ歩きの頃の自分が、チョウチョを追いかけて草原をうれしそうに歩き回っていたときに、子猫が目の前にひょっこり現れ、お互いにびっくりしてしばし見つめ合っていたが、突然泣き出して、猫もびっくりして逃げていったという（ア）エピソードを記憶していたとする。このエピソードを思い出す際に、ヨチヨチぎこちなく歩き回っている自分の愛らしい姿や猫と見つめ合っているときの自分のキョトンとした表情、しばらくして泣き顔に移行するときの表情の変化などについてのイメージが浮かぶとする。

2 そこまではっきりしたイメージがあるのだから、ほんとうの記憶だと信じるのがふつうかもしれない。だが、ここでちょっと考えてみよう。自分自身のぎこちないヨチヨチ歩きの姿やキョトンとした表情、あるいは泣き顔に移行する表情の変化などは、いったいだれの視点から見られたものなのだろうか。自分自身の視点ではあり得ない。

3 そうなると、そのイメージは、自分を観察している他者の視点から構成されていることになる。したがって、これは、本来自分自身が保持していた記憶ではなく、親などの自分を観察していた他者による語りをもとに再構成された記憶なのではないかと考えざるを得ない。何度も聞いているうちに、そのイメージが定着し、自分自身の記憶と勘違いするほど身近なものとなっていく。

4 こうしてみると、自分の過去についての記憶には、個人の所有物というよりも、家族などの集団の構成員の共有物といった側面があるのかもしれない。一家団欒《だんらん》の場のような共同想起の場で持ち出され語られた個々の構成員の想起内容が、その場に居合わせた人たちの間で共有され、いつのまにか個々の構成員に自分自身が直接経験したものとして取り入れられ、その後の各個人の想起を方向づける。家族のような一体感を強く持ちがちな集団では、こうしたことが頻繁に起こっていると推測される。

5 でも、そうだからといって、その種の記憶に価値がないわけではない。イ問題なのは、本人が自分のエピソードとして保持しているということである。ほんとうに自分が体験し直接記憶しているものでなくてもかまわないし、さらには実際にそんなエピソードがじつは存在しなかったということでもかまわない。本人が、とくにそのエピソードを自分のエピソードと信じ込み、記憶しているということが重要なのだ。

6 ライフ・スタイルというものを重視する個人心理学を提唱したアドラーは、人が自分自身と人生に与える意味を的確に理解するための最大の助けとなるのは記憶だという。記憶というのは、どんなささいなことがらと思われるものであっても、本人にとって何か記憶する価値のあるものなのである。自分にまつわるエピソードが想起され、語られるとき、重要なのは、エピソードそのものの事実性ではなく、そのエピソードがとくに記憶され、想起され、語られたということなのだ。

7 自分のものとして語られるエピソードには、本人の自己観や世界観が縮約されている。本人が、そのエピソードが自分の人生の流れにおいて重要な位置を占め、人生の意味を暗示していると信じているからこそ、わざわざ記憶されたり、想起されたり、語られたりするのだ。

8 そうしたエピソードを素材として散りばめて綴《つづ》られる自己物語は、それが事実かどうかを糾弾される必要はない。説得力ある文脈の流れをもち、現実の出来事や自己の経験を意味のある形で解釈する力を与えてくれればよいのである。現実に起こった出来事を忠実に反映している必要もないし、そもそも親をはじめとする身近な人たちとの語りの場で創作されたものがその中核をなしているものだ。事実かどうかは問題ではない。

9 精神分析家スペンスは、物語を重視する立場から精神分析について考察しているが、その中で歴史的事実と物語的真実の区別を強調している。その区別に即して言えば、自己物語にとって重要なのは、歴史的事実性ではなくて、物語的真実性なのである。

10 スペンスも指摘するように、心理療法家は、相談に訪れた*クライエントを援助するために過去の葛藤の歴史的事実を見抜く必要はない。重要なのは、クライエントの語りにあらわれる物語的真実のほうだ。そして、心理療法家は、クライエントが自分自身の過去の物語をより矛盾のない一貫したものへと語り直していくのを促進することによって、クライエントを援助することができるのだ。たとえその改訂された自己物語が歴史的事実に厳密に一致しなくてもかまわない。本人が納得できる物語であり、社会的にも受け入れられる物語であればよいのである。もちろん、本人が生きる勇気を汲《く》み取ることができるような物語であるのが望ましい。

（榎本博明『〈ほんとうの自分〉のつくり方――自己物語の心理学』による）

注釈 *クライエント……仕事の依頼人や顧客のこと。ここでは、心理療法を受ける人をさす。

問1 傍線部ア「エピソードを記憶していた」とあるが、こうした記憶にはどのような役割があるか。筆者の考えとして最も適当なものを、次のA～Eのうちから一つ選べ。

A　子どもの頃の自分について良いイメージを持つことができる。
B　過去の自分が実際に何を経験していたのかを理解できる。
C　自分が家族からどう思われていたのかを知る手がかりになる。
D　自分自身や自分の人生について意味のある解釈ができる。
E　自分の記憶が他人の影響を受けた想像に過ぎないことがわかる。

第1章

問2 傍線部イ「問題なのは、本人が自分のエピソードとして保持しているということである」とあるが、それはどのような意味か。最も適当なものを、次のA～Eのうちから一つ選べ。

A 自分にとって価値あるエピソードを、自分に起きたものとして記憶するのは、自己物語の構成において意義あることである。

B 他人の語りから創作されたイメージを、自分に起きたエピソードとして理解するのは、自分の人生を意味づけるうえで危険でもある。

C 家族と共有するエピソードを自分の記憶として保持することは、家族と一体感をもてるという重要な役割がある。

D 他者の視点から構成されたイメージを、自分が実際に体験したものと考えることは、自己観の真実性という点で問題がある。

E ほかの構成員が保持していた記憶なのに、それを自分の記憶だと信じることは、自分の過去に対する誤った解釈をもたらす。

テーマ 2 指示語に着目する

▼解答・解説　本冊 p.15

問題

次の文章を読み、あとの問いに答えよ。

やや難　15分　東京経済大・改

1 人は何のために生きるのかという問いが、多くの人の心を支配するものとして大きくクローズアップされてくる背景には、その社会に共通したある気分が関係している。その気分とは、ひとことで言うなら、ある全体的な目的を達成してしまって、次の目的がまだ見つからないような時代に訪れてくる空虚感である。そして、近代化を果たして豊かな成熟社会を迎え、不況と停滞に陥っている今の日本は、まさにそういう気分に染まっている時代だと言える。

2 意味や目的をことさら問わずにはいられない時代というのは、その底流のところに、じつは自分たちの生きる意味や目的が感じられない空虚な気分が流れていることを示している。したがって、人生の意味や目的について一般的・哲学的に考えようとすることは、それだけを取り出してみればいかにも高尚な、推奨されるべき営みのように思えるが、私の考えでは、それは必ずしもただ単純に、だれもが、どんな社会でも取り組まなくてはならない営みとは言えないのである。

3 というのも、大多数の人間がそういう空虚感を抱くいとまなどのない、建設的な活気のあふれた社会や、差し迫った社会的政治的問題（明瞭な貧困や抑圧や差別や秩序の混乱）の解決を迫られている社会、また逆に、意味や目的を問う必要性を感じさせないような、安らかな秩序のうちにじっとまどろんでいる社会というのもあるからだ。こういう社会では、「人は何のために生きるのか」といった問いは必ずしも切実感を持たない。

4 つまり、人生の意味や目的について一般的・哲学的に考えようとすることは、私たちの時代や社会がそれを否応《いやおう》なく要求しているという必然性に照らしてこそ、大きな意味のある営みであるということになる。

5 このことをよく自覚しておくことは大切である。なぜなら、思想や哲学や倫理学は知的な遊戯ではなく（そういうことにわざと限定して思索を表現している人もいるが、それは思想や哲学というものの意味を根本的に見誤っている）、私たちがどんな現実を生き、どんな困難にぶつかっているかということとの相関関係をとおして初めてその存在理由を与えられるからである。

6 さて、では「意味」とか「目的」とか「〜のために」とかいう観念が、必要なものとして意識に呼び起こされるのは、本来どういう生活場面においてだろうか。

7 このことは、逆に、どういう場面において「無意味」や「無目的」が意識されるかを考えてみるとわかりやすい。というのも、普通私たちは、日常の行動や表現において、それらの意味や目的をいちいち問うことなく、自明なものとして承認しながら行動したり表現したりしているからである。

8 私たちは、たとえば、魚の住むはずのないドブ川に釣糸《つりいと》をずっと垂れて、魚が引っ掛かるのを待ち続けている人を見かけたら、そんなことは無意味だからやめなさいと言ってやりたくなるだろう。また、ある人と喫茶店で待ち合わせしていたのに、その人から急用ができて行けなくなったと連絡が入ったら、自分がそこにいる目的は失われ、これ以上待つことは意味がないと知らされる。さらに、たとえば、ある議題をめぐって議論しているうち、論点の対立が非常に狭い枝葉末節に入り込んでしまったのに、それでも双方が譲らずに口角泡を飛ばして議論し続けているような時、そんな議論は無意味だからやめようとだれかが提案する。

9 このように、人は、ある行動や表現が、他の行動や表現との間の本来あるべき関連性を失ってそれだけとして浮き上がる時、「無意味」とか「無目的」を意識する。ある行動や表現が意味や目的を持つとは、さしあたり、それらが他の行動や表現に従属するような関連を維持しているという以上のことを意味してはいない。しかしその場合、他の行動や表現は、また別の行動や表現に従属する形で関連を持ち、それらは結局、自分自身の生の充足それ自体という究極目的に帰着するような連鎖構造を形作っている。

10 [a]、これらの行動や表現に意味が感じられるか感じられないかの区別の意識は、それらが比較的短時間、短距離の範囲に枠づけられていて、それ自体としては断片的で瑣末《*さまつ》な行動や表現である場合ほど、顕著に、明確に現れやすい。

11 [b]、何時何分のバスに乗り遅れまいと思ってバス停に急いでいる時、そのバスが自分のかたわらをとおり過ぎてしまえば、急いでいる自分の行動の意味は一挙に失われる。こういう場合の「意味」や「無意味」は非常にくっきりとした輪郭を持ったものとして意識される。バスに乗り遅れるなどということは、長い人生から見ればたいしたことではない（という反省があとからは可能である）にもかかわらず、現にその枠に規定されて行動している自分にとってはほとんど絶対的な目的意識あるいは目的感情を伴っている。

12 [c]、たとえば、一年先の大学合格を目指して受験勉強に励んでいるような場合は、なるほど観念のうえではその行動の目的は明瞭だが、あまりに先のことであるために、しばしばその目的意識あるいは目的感情は、頼りないおぼろげなものになりがちである。自分は本当にこの大学に行きたいのだろうか、大学に行って何をしようとしているのだろうかなどという疑念が頭をもたげてくるのを抑えることができない。

13 このことは何を示しているだろうか。もともと意味や目的の意識というのは、生物体としての人間にとって、ごく目先の行動を遂行してゆくプロセスにつきまとう意識だったということをあらわしてはいないだろうか。そのかぎりでは、猿が枝の先にぶら下がるリンゴをほしいと思った時にいろいろな行動を取ろうとして、それらの行動に「意味」を見出《みい》だしているのとほとんど変わらない。

（小浜逸郎『なぜ人を殺してはいけないのか　新しい倫理学のために』による）

注釈 *瑣末……とるに足らない小さなこと。

問1 傍線部の理由として著者の考えに即していないものを、次のA～Eのうちから一つ選べ。

A　内戦や紛争により、身の安全を守ることで精一杯だから。
B　伝統的な社会秩序が守られ、人々が安心して暮らせるから。
C　物質的に豊かな暮らしが人々にとって当然になったから。
D　飢餓に苦しみ、食料を確保することすら容易でないから。
E　暴動や略奪が日常化し、毎日の生活が混乱しているから。

[　　]

問2　空欄a～cに入る語句の組合せとして最も適当なものを、次のA～Eのうちから一つ選べ。

A　a　いわば　b　要するに　c　すなわち
B　a　実に　b　ましてや　c　翻って
C　a　同様に　b　あるいは　c　ところが
D　a　ところで　b　たとえば　c　これに対して
E　a　しかしながら　b　ところで　c　ゆえに

テーマ3 一般論と主張の関係とは

▼解答・解説 本冊p.25

問題

次の文章を読み、あとの問いに答えよ。　やや難　15分　福岡教育大・改

1 通常、科学技術は「価値中立的」であると考えられている。つまり、科学や技術それ自体は良いものでも悪いものでもなく、包丁や劇薬と同様に、それを使う人次第で良くも悪くもなるという「科学技術＝両刃の剣」説である。しかし、現代社会では次第にそのような単純な考え方は成り立たなくなっている。というのも、包丁は単純な機能の道具であり、それがどのように働き、どのような社会的影響を及ぼすかはあらかじめ予測することができる。しかしながら、現代の科学技術はそのような単機能の道具ではなく、多様で複雑なメカニズムによって動いており、その帰結や影響を前もって予測することが甚だ困難な代物なのである。したがって、科学技術の善意の使用が悪しき結果をもたらす可能性は十分にありうる。薬品の副作用や原子炉から排出される放射性廃棄物を挙げるまでもなく、現代の科学技術は社会的リスクと表裏一体なのであり、その限りで「価値中立的」ではありえない。それをコントロールするためには、複合的な視点と多角的な考察が必要とされるのである。

2 科学は、アカデミズム*科学の段階までは、「自然界の真理の探究」を目指してきた。しかし、二十世紀後半からの科学技術は、単なる自然界の真理や法則の探究だけではなく、原爆やコンピュータやロボットなど「人工物の製作」へと大きく傾斜してきている。また、これまでは理論的発見とその技術的実用化までには大きなタイムスパン*があったけれども、現在ではその時間的距離が著しく短縮されている。研究室で実験された試料や試作品が、時をおかずに市場へ製品として出回るということが現実

化しており、その意味で実験室と社会とがこれまでのように隔絶されたものではなく、地続きになっているのである。言うならば、実験室が社会化し、社会が実験室化するという状況が生まれているのであり、遺伝子組み換え食品や生殖技術などはまさにその好例と言える。

3 さらに、医薬品・食料品・工業製品についてはわが国では一九九五年に「製造物責任法（PL法）」が制定され、製造物の欠陥によって生じた生命・身体・財産への人的被害に対しては製造者が損害賠償などの責任を負わなければならないという原則が確立されている。近年では遺伝子スクリーニング*による社会的影響やウイルスなど病原体研究のテロへの転用など、次第にそれが知識に対しても適用されねばならないような事態が起こっている。ザイマンが提起した科学者の行動規範PLACE*の中に「所有」という項目があったが、現在では「知的所有権」とともに「知識の製造物責任」が問われねばならないような時代になっているのである。

4 科学が純粋な理論的研究の中にとどまらずに、政治や経済など他の領域と交差し、社会を横断しながら研究開発を続けていくことから生じる諸問題を、核物理学者のA・ワインバーグは「トランス・サイエンス（trans-science）」という言葉で表している。これは価値中立的で客観的な科学知識とその政治的・社会的利用とを区別することが困難になっており、事実と価値が交錯し融合している、という科学の現状を象徴する言葉である。ワインバーグはこれを、「科学に問いかけることはできるが、科学によって答えることのできない諸問題」と定義している。具体的な例としては、環境問題、公衆衛生や健康問題、原子力発電所の安全性などを挙げることができる。これらの諸問題は科学知識と政治的意思決定とが絡まりあっている領域であり、トランス・サイエンスという概念は、解決に科学は必要だが科学のみでは確実な結論を出すことのできない問題領域（グレイゾーン）が拡大していることを示唆しているのである。

5 以上のような科学技術の変貌と社会状況の変化に伴って、科学者の間にも危機意識が芽生え始め、とりわけ社会的影響の大きな生命科学研究に関する自主的ガイドラインを作ろうとする機運が高まった。その最初の試みが、一九七五年二月にカリフォルニアのアシロマ国際会議場で行われた「組み換えDNA分子に関する国際会議」、通称「アシロマ会議」である。この会議では、生命科学者一五〇人ほどが一堂に会して組み換えDNA実験の規制についての議論を行った。それまで科学者は、研究を外部から規制されることに対し、学問の自由に対する侵害として強い反発を示すことが多かったことを考えれば、専門家集団としての科学者が自分たちの研究内容の潜在的危険性を自覚し、それに対して自主的に予防規制を行ったことは画期的な試みであった。

6 実際、この会議で合意が得られた、組み換えＤＮＡをもつ生物を実験室の外部へ放出できないようにする「生物学的封じ込め」と「物理的封じ込め」という方法をもとに、アメリカ国立保健局（ＮＩＨ）は組み換えＤＮＡ実験のガイドラインを作成しており、これが現在の生命科学研究の国際的基準となっている。現代の科学研究は、もちろん一つの国だけで行われているわけではなく、研究者の国際交流や共同研究も活発に行われている。それゆえ、規制やガイドラインを作る際には、一国だけではなく国際的な標準となりうるモデルを提供することが重要となる。つまり、研究のグローバル化に伴って、規制のグローバル化をも同時に進めていかなければならないのである。

7 [a]、問題によっては単なるガイドラインによる規制だけでなく、罰則規定をもつより強い法的規制が必要となる場合もありうる。[b]、クローン人間の禁止はそのような問題の一つであり、日本では二〇〇〇年十二月に「ヒトに関するクローン技術等の規制に関する法律」が成立した。また、現在ではヒトを対象とする医学・生命科学研究については、前もって研究機関内の倫理委員会の承認を得ることが必須となっている。このように、社会的に承認される研究とそうでない研究とが厳しく区別されるようになっており、科学者は自分の好奇心に任せて自由に研究を進めてよい、というアカデミズム科学の原則はもはや通用しない時代に入っていると言ってよい。[c]、科学技術が外部資金やプロジェクトの請負いを通して社会と密接な関係を結び、同時に社会的リスクを潜在させた影響力の大きさから、社会的事業としての科学技術は公共性の観点からの社会的規制に服さねばならない、という原則が現代では確立されつつあるのである。

（野家啓一『科学哲学への招待』による）

注釈
＊アカデミズム科学……大学の研究室の中だけで行われる、社会に開かれていない閉鎖的な科学。
＊タイムスパン……時間の幅、期間。
＊遺伝子スクリーニング……特定の遺伝子をもつ人をふるい分けるような検査手法。
＊ＰＬＡＣＥ……「所有的」「局所的」「権威主義的」「請負い的」「専門的」を表す英単語の頭文字をつなげたもの。

問1　傍線部「『価値中立的』ではありえない」とあるが、その理由としてふさわしくないものを、次のA～Eのうちから一つ選べ。

A　現代の科学技術は、社会的リスクと表裏一体のものであるから。
B　現代の科学技術は、政治や経済など他の領域と関係しあっているから。
C　現代の科学技術は、多様で複雑なメカニズムによって動いているから。
D　現代の科学技術は、それがもたらす結果を事前に予測することが難しいから。
E　現代の科学技術は、それを用いる者次第で良くも悪くもなるものだから。

□

問2　[a]～[c]にあてはまる最も適切な語を、次のA～Eのうちからそれぞれ一つ選べ。ただし、それぞれの選択肢は、一度しか選ぶことができない。

A　つまり　B　仮に　C　一般的には　D　さらに　E　たとえば

a □
b □
c □

テーマ 4

何と何とが比べられているか

▼解答・解説　本冊p.34

問題

次の文章を読み、あとの問いに答えよ。　易　15分　白百合女子大・改

❶ 弥生といえば、縄文に比べて飾り気のない、シンプルな土器というのが一般的な知識だ。岡本太郎の影響もあるが、芸術の文脈で語られるのは、弥生よりもだんぜん縄文。火焔《かえん》型土器をはじめとする縄文土器の立体的で複雑に入りくんだ装飾に、顔やからだが極端にデフォルメされた土偶のインパクトも強い。

❷ 総じて、縄文の造形物は、とにかくエネルギッシュで、「なんだこれは!」と人を惹《ひ》きつけるものがある。なにやら謎めいた深い意味を予感し、用途を超えた「表現」を感じさせるのだ。

❸ それに比べると弥生の土器は、アートよりデザインに近いかもしれない。表現のための形ではなく、使うための形。それも用の美を追求したミニマムなデザインという印象だ。

❹ アだから弥生人の絵を見て最初はギャップを感じた。実用的なものを好むクールなイメージとは異なり、親近感がわくような「ゆるい絵」なのだ。

❺ たとえば人物の表現。頭は丸、体は四角、手足は棒といった、いわゆる棒人間だ。顔が描かれているものも、点三つで目と口、そこに横棒を足して眉毛という調子。それも下がり眉の気の抜けた表情だったりする。

そんな絵が、一部の土器や石器、木器、青銅器に描かれている。ベンガラの赤など顔料を使ったものもあるが、線刻が圧倒

的だ。人間、シカ、ヘビ、魚などの動物のほか、想像上の動物である龍も描かれている。

6 シンプルな絵のなかに、弥生人の暮らしの様子が垣間見えておもしろい。舟や建物などの建造物に人間が配置された様子や、弓で獲物をとらえる様子などの説明的な描写もある。頭に鳥の羽の飾りをつけ、翼のように袖の広い衣装をまとった絵もあり、鳥装のシャーマンの儀式とされている。

7 かれらの絵を「ゆるい」と感じるのは、それが絵文字やマンガを思わせるからだろう。きわめて記号的な絵なのだ。「見たもの」を描く写実的な絵ではなく、「知っているもの」を描く記号的な絵。人間には、頭があって体があって、手が二本、足が二本、というような、頭のなかにある表象スキーマ（その対象についての一連の知識）を表している絵だ。

8 ずっと古い旧石器時代のショーヴェ洞窟の壁画の方が、写実的でデッサンに近い。だからといって弥生人の絵が稚拙だとか原始的だとかいうわけではない。そもそも弥生人もクロマニョン人も、同じホモ・サピエンスであるわたしたちと脳の構造や認知的な能力に違いはない。

　弥生人の絵は、できるだけ手数を少なく、最小限のタッチで「なにか」を表そうとしているように見える。それも、現代のわたしたちと同じようなやりかたで記号化しているのだ。［イ］タイショウ的に、写実的な絵の場合は「どんな」も細かく描写され、含まれる情報量が多い。でもそのぶん描くのに時間もかかるし、技術も必要だ。だから「なにか」を伝えるためには、記号的な絵の方がずっと効率がいい。土器や青銅器の曲面を削って描くのにも、その方が適している。

9 さて、*青谷上寺地《あおやかみじち》遺跡だ。ここは弥生時代の湾港にあり、交易の拠点でもあったという。低湿地の奇跡的な土壌のおかげで、「地下の弥生博物館」と呼ばれるほど、保存状態のよい出土品が大量に見つかっている。

10 鉄器、青銅器、土器だけでなく、通常は腐敗しやすい木器もまるごと出てきたりする。農業や漁業などに使われる道具は、形も保存状態も二千年前というより、二、三世代前の「むかし」の道具といった雰囲気だ。後期の地層からは、殺傷痕を含む大量の人骨、そして弥生人の脳まで発見されている。

11 この遺跡でさかんにおこなわれていたのが、ものづくりだ。初期には碧玉《へきぎょく》を加工してつくった管状のビーズの管玉がおもな交易品だったが、後期には木製品にかわる。

12 なかでも、赤く塗られた花弁高杯《たかつき》の美しさに驚いた。お皿の下が花びらのような文様に彫られ、きゅっとくびれた脚に裾広がりの脚台は、縦にすかし孔が入れてある。ゆがみのない対称形に美しい曲線、薄く仕上げられた縁に、なめらかに削りをかけた表面。［　a　］の高い職人の丁寧な手仕事だ。

13 しかし意外にも、大量の出土品のなかで絵が描かれているのはほんの一握り。それも記号的な絵がちょろっと描かれているのみだ。どうも鑑賞するための絵画や凝った装飾という感じではない。むしろ、マークのようなものにも見える。自分の、家の、という所有を示すものかもしれないし、特別な用途に使う目印や願掛けかもしれない。とにかく、他の道具と違う「特別」なものであることを示す絵なのではないかと思った。

14 木製の琴の側板には、頭に丸い角をもつヒツジのような動物が四頭描かれていた。でも、そのうち一頭の丸い角が削られて、二本のとがった角か耳のようなものに彫りなおされている。ヒツジをシカに描きかえたと考えられているが、頭の形を変えるだけで別の動物を表現できるのも、［　b　］な絵ならではのことだ。

（齋藤亜矢『弥生人と絵文字』による）

注釈 ＊さて、青谷上寺地遺跡だ……この文章は、筆者が弥生時代の遺跡である青谷上寺地遺跡について講師として話した経験をもとにかかれたものである。

問1 空欄ａ・ｂに入れるのに最も適当なものを、次のＡ～Ｅのうちからそれぞれ一つずつ選べ。

ａ　Ａ　洞察力　Ｂ　技術力　Ｃ　創造力　Ｄ　理解力　Ｅ　識別力

ｂ　Ａ　具象的　Ｂ　写実的　Ｃ　原始的　Ｄ　装飾的　Ｅ　記号的

ａ［　　］　ｂ［　　］

問2 傍線部ア「弥生人の絵を見て最初はギャップを感じた」とあるが、これはどういうことを意味しているのか。最も適当なものを、次のＡ～Ｅのうちから一つ選べ。

Ａ　弥生人の絵は、見る人の感情に訴える力があると認識していたので、正確さに重きを置いて描いている点が不可解だったが、それは弥生人特有の観察力によるものだとわかったこと。

Ｂ　弥生人の絵は、自分達の生活を正確に記録するために描かれていると思っていたので、極端に省略した描き方に戸惑ったが、それは見た者の想像力を喚起する効果があるとわかったこと。

C　弥生人の絵はシンプルで、実用的なものであると思っていたので、絵文字のようで遊び心が見られることに違和感を覚えたが、実はそのほうが効率が良い描き方だとわかったこと。

D　弥生人の絵は、実際の道具をもとにしてデザインとしての美しさを追求したものだと思っていたので、単調な描き方に終始していることを不思議に思ったが、彼らにとっては美しさよりも簡便さのほうが大事なのだとわかったこと。

E　弥生人の絵は、日常生活で使われる物を重視した現実的なものだと思っていたので、想像上の物までもが描かれていることを意外に感じたが、それも彼らにとっては、日常的なものだとわかったこと。

□

問3　傍線部イ「タイショウ」とあるが、ここでの「ショウ」と同じ漢字を含むものを、次のA～Eのうちから一つ選べ。

A　ショウケイ文字
B　人権のホショウ
C　ショウゴウ作業
D　一ニンショウの主語
E　ショウニン欲求

□

テーマ5 言い換えの関係を見抜こう

▼解答・解説　本冊p43

問題

次の文章を読み、あとの問いに答えよ。　やや難　15分　愛知大・改

1 所得・資産格差の不平等化が進行している日本において、私はできるだけ平等分配に近づけるのが好ましいと考えているが、なぜ日本では平等化が進まないのだろうか。

2 日本人が平等を好まなくなった、あるいは格差の存在を容認するようになった事実を説明するために、ここでは日本人の心理状況の特色に注目する。

3 池上知子*（二〇一二）は人間社会に格差が存在することを前提にして、格差是正や平等を願う声は相当あるにもかかわらず、遅々としてそれが進まないことに注目している。格差を容認する人びとがかなり存在することの理由を、主として心理学に立脚して解説しているので、それに準拠しながら、格差を発生させ、かつそれを維持させている理由を探求する。

4 一つの理論として「社会的支配理論」というのがある。これは人間社会には人びとの心底の思いとして、不平等な支配・被支配関係を願う気持ちがある、とする。それは権威主義と呼んでもよく、弱い自分を強い他人によって守ってもらいたいという希望を、人間が本能としてもっているものと理解する。一方で強くて権威を持っている人も規範や伝統を信奉して、それらが弱い人を服従させる効果があると考えている。すなわち、弱い人も強い人も支配・被支配の関係を容認する、という心理が人間にはあると考える。

5 この「社会的支配理論」は、時折人びとのイデオロギーとして認識されている。このイデオロギーは人びとの発言・行動の起源となる傾向があり、これが階層を固定化するのに役立つ。すなわち共通のイデオロギーが支配集団と被支配集団の双方に共有されるので、階層構造の維持に役立つのである。このことは、世の中に存在する格差を消極的にせよ双方が是認することを意味し、社会の秩序・安定に貢献すると考えられている。

6 わかりやすく言えば、世の中には強者（高所得者）と弱者（低所得者）が存在するのは事実でありかつ避けられないことであるが、あえてこの両者の格差を是正しようとすれば、人びと、あるいは第三者なり政府は強硬なことをしなければならない。それをすればお互いが破滅に至ることもあるので、ここは静かに格差の存在を容認しておいたほうが無難である、との人間の心理構造が働くと考える。

7 もっともここでの解釈には、一つの問題点が残る。それは格差の程度によっては、たとえば昔の王制や帝制、封建時代のように、ごく一部の支配階級が巨額の資産・所得や権力を保持する一方で、大多数の被支配階級が貧困に苦しんでいるのなら、被支配階級は体制を崩そうとして反乱を起こすこともありえる。それが現実に市民革命として、庶民が国王や貴族、大地主に抵抗して市民を中心とする社会を作り上げたことは歴史が物語っている。

8 現代は王制や帝制ではないので、ここで述べたことは重要ではないかもしれないが、格差が大きすぎるのであれば、たとえ民主主義の国であっても政府を打倒する運動は発生しうる。

9 もう一つ、イデオロギーに関しては、資本主義が発展してから資本家と労働者の階級対立が激しくなり、資本家が労働者を［　　］している事実を覆さねばならないとするマルクス経済学思想、あるいは社会主義政治思想が一九世紀と二〇世紀を中心にして強くなった。これは大きな格差を是正するためのイデオロギーと理解してよい。このイデオロギーは暴力革命の容認論にまで発展して、ロシア革命をはじめとして各地での社会主義革命が成功し、政治体制の変わった国がいくつかあったことも歴史の知るところである。これらの歴史的事実は、格差の容認を是とするイデオロギーと逆のイデオロギーなので、「社会的支配理論」があれば、たとえば社会主義・共産主義のように「社会的支配打倒理論」という逆の理論も存在するのではないか、という説を提言しておきたい。

10 いまの日本は、かつて市民革命や社会主義革命が起きたときの時代のように、支配階級と被支配階級の間に極端に大きな格差があるわけではない。とはいえ、変革を望むかどうかの岐点は、人びとが日本の所得や資産の格差をどの程度の深刻さと理解しているかによる。

11 いわば格差の大きさの程度、あるいは深刻さが、「社会的支配理論」か「社会的支配打倒理論」を支持するかの分岐点でもある。私は日本では革命は起こりえないと考えているが、貧しい人が多くなってきていることにより、その臨界点に近づいているのではと考えている。

12 格差に関する心理学の立場から、第二の理論がある。それは池上（二〇一二）によると「システム正当化理論」とされている。第一の「社会的支配理論」と少し似ているが、ここでは弱くて不利な立場にいる人すら、格差を是認することがある、という点を強調することに特徴がある。人間の心理として、現状を維持して肯定しようとする動機が存在するというもので、現行の制度やシステムが長い間存在してきたのであれば、そのこと自体が公正で正当なものであるとみなすにふさわしい、と錯覚することすらありうる。

13 たとえば心理学からみると、格差あるいは階層の上にいる人にとっては、当然のことながら自分の恵まれた位置は自分の利益と一致するので、それを打破しようという気持ちを持たない。野心を満たしたので満足なのである。あるとすれば階層の下にいる人びとへの罪悪感であろうが、これも下の人びとが強いイデオロギーを持って反抗してこない限り、沈黙していたほうが自分にとって好都合という心理が働くと予想できる。

14 興味深いのは、格差あるいは階層の下のほうにいる人の心理である。本来ならばそういう人は格差の存在を容認せず、上の人への嫉妬心はあるだろうし、このままではいけないと思う人が多数派であろう。しかしながら、そこで上位にいる人への嫉妬心をむき出しにせずに、むしろ自分で上位に這《は》い上がろうとする心理を持つ人もいる。上位にいる人を倒して、それらの人を下位に引き降ろすとか、格差をなくすような行動をとれば社会に不安を与えるだけなので好ましくないと思い、格差の存在を容認したうえで自分が努力して上の位置に自分で上ることを希望する人がいるのである。

（橘木俊詔『新しい幸福論』による）

注釈
＊池上知子（二〇一二）……『格差と序列の心理学——平等主義のパラドクス』（ミネルヴァ書房）

問1 空欄に当てはまる語句として最も適当なものを、次のA～Eのうちから一つ選べ。

A 僭称《せんしょう》　B 羨望　C 揶揄《やゆ》　D 忖度《そんたく》　E 搾取

問2 傍線部「弱くて不利な立場にいる人すら、格差を是認することがある」のはなぜか。「システム正当化理論」の立場から説明している最も適当なものを、次のA～Eのうちから一つ選べ。

A 格差はあるものの、この世に百パーセントの絶対はないから。
B 格差はあるものの、現状にはまったく不満がないから。
C 格差はあるものの、自分の努力で強くなればいいから。
D 格差はあるものの、他人を妬むのは恥ずかしいことだから。
E 格差はあるものの、社会システムの不具合によるものだから。

テーマ6　具体例をどう読むか

▼解答・解説　本冊 p.53

問題

次の文章を読み、あとの問いに答えよ。

やや易　15分　青山学院大・改

❶　われわれはそれぞれに「交際圏」をもっている。「世間」をもっている。だが、「交際圏」が「交際圏」であるためには「交際」という行為がなければならない。おたがいが、なんらかの方法でつながっていることを確認しあうことで、はじめて「交際」が成立する。その行為のことを「コミュニケーション」という。

❷「コミュニケーション」ということばはもともとラテン語の communicatio にはじまって、まずフランス語の語彙となり、それが近世英語になったもの。だが、それが世界的規模で頻繁につかわれるようになったのは二十世紀なかばのことであった。日本でこのカタカナ語がはじめて出現したのも一九五〇年代のこと。新語である。

❸　コミュニケーションの基本になるのは「面談」である。人間どうしジカに会って話をすることである。目と目があって、それでなにかを合点する。とにかく人間と人間、おたがいに理解を深めるためには直接に会って話をするにこしたことはない。「顔と顔」の直接コミュニケーションだから face to face、略してＦＴＦなどともいう。(Ａ)

❹　じっさい、人間の「顔」というものはおもしろい。おたがいに目鼻をはじめいくつもの器官をもっているが、それぞれの配置はひとによってちがう。「他人のそら似」といわれるほど似ているひともいるが、それぞれの個人の顔というものはそれぞれに微妙にちがう。ちょっと見ただけで、それがだれであるかがわかる。わたしたちはうまれながらにして、おたがいの生きた

「顔」を識別するふしぎな能力をもっているのである。現代の技術はひとの眼窩《がんか》や鼻梁《びりょう》などいくつもの点を三次元でつなげて「顔認識」を可能にして出入国の管理に応用したりするようになったが、生きた「顔と顔」の相互認識能力というのはおそろしいほど正確だ。

5 本人確認ができて、やっと「顔と顔」のおつきあいができる。どこにいっても認識してもらえるだけ交際の範囲がひろければ「顔がひろい」というし、そのひろさによって世間からタヨリにされる「顔役」もいる。「顔」こそが個体識別の有力な手段だから、「顔を立てる」「顔にドロを塗られた」「顔パス」など、「顔」という観念は比喩的に拡散している。「顔」あっての人間コミュニケーションなのである。(B)

6 外交関係にしてもそうだ。交通・通信手段が飛躍的に進歩したこんにち、それぞれの国の大統領や首相は相互に招待したり訪問したり、定例の会議を開催したりして、「個人的関係」を構築することにつとめる。外交のことは大使館をつうじてやっていればいい、というのは理屈だが、指導者どうしが「面会」しなければだいじな問題は解決できない。すくなくとも友好関係を維持するためには「顔と顔」が物理的、いや生理的に向き合うことが必要なのである。

7 ではなぜ「顔と顔」の対面コミュニケーションが必要なのか。それは生身の人間どうしが至近距離で向き合わなければおたがいを「体感」できないからである。「体感」というのは、おおげさにいえば全人的接触ということである。現実に生きて、呼吸している人間にはまずその身体があり、握手すれば体温を感じることができる。(C)

8 そうでなくても恋人どうしは、ただいっしょにいるだけでたのしい。デートがおわって、さよなら、といったとたんにまた会いたくなる。友人どうし、いちど会いたいなあ、といって歓談したり食事をともにしたくなるのも生きた人間の「体感」をもとめているからだ。

9 会えば、相手の服装、歩き方、一挙一動、表情、女性のばあいだったら持ち物、アクセサリー、化粧のかすかな香料のにおいにいたるまで、そのひとをとりまく「雰囲気」がまずわたしたちの感覚器官にとびこんでくる。「ことば」によるコミュニケーション以上に強烈なのは人間の存在そのものが発する「実在感」なのである。

10 学校の授業も「実在感」があるから大事なのだ。科目が数学であろうと英語であろうと、学習欲のある学生なら教科書や参考書を読めばたいていのことは学習できる。それにもかかわらず、きめられた時間に教室で席につくのは文字どおり目と鼻の先で講義なさっている先生の肉声にふれ、黒板に書かれる文字を目で追うことによってはじめて生き生きとした学習が体験できるからである。前後左右にいる級友たちの呼吸が感じられ、かれらと共通経験をわかちあうことができるからである。ノートや辞書をめくる紙ずれの音、教室のなかのあの独特のにおい。そうした全感覚を動員した「体感」があるからこそ学校という場での教育がだいじなのだ。(D)

11 実務の世界でも、ふだんは電話ですむような用事でも、相手方としっかり商談を煮つめ、数千万円におよぶ交渉や契約、ということになると、テーブルをはさんでなんべんも「面談」することが必要になってくる。めでたく商談が成立すれば、どちらかが席を設け、一夕を談笑のうちにすごす、といったこともあるだろう。話題はささいな世間話。あとはカラオケといった宴席であっても、一種の皮膚感覚のようなものが相互に刺激されて「交際圏」を強化してくれるのである。

12 そればかりではない。「体感」によるコミュニケーションはいろんな解釈も可能にしてくれる。なごやかな会話をたのしんでいるようにみえても、相手が腕時計に目をむけているのは、そろそろ切り上げたい、ということを意味している。俗に「目は口ほどにものをいい」ともいう。ゴフマン*(Erving Goffman)の有名な「顔のはたらき」(face work)もこのような「ことば」にとらわれないコミュニケーションについての考察であった。歌舞伎の名セリフに「互いに見交わす顔と顔……おお、読めた」というのがあるが、ひとが「読む」のは「ことば」だけではない。「顔」をはじめ、さまざまな「しぐさ」も読みとる能力をもっているのである。(E)

13 それに「ことば」が発せられていても、そのことばを体感的にうけとることができないこともある。たとえば不祥事があると、当事者が「このたびは多大のご迷惑をかけ……」と定型文のお詫びのことばをのべ、「再発防止に努力いたします」といって最敬礼する情景にはテレビでよくおめにかかるが、あれはおおむね用意された文章をただ読み上げているだけ。だから、あんまり反省・謝罪の「気持ち」がつたわってこない。そういうとき、謝罪されるほうは、「誠意がない」といって不満をしめす。おおげさに土下座されても体感的にはかえって不愉快だ。ちゃんと謝っているじゃありませんか、といっても無駄である。「巧言令色鮮なきかな仁」ともいう。コミュニケーションというものはやたらにおしゃべりをするからいい、というものではなさそうである。

(加藤秀俊『社会学　わたしと世間』による)

注釈 *ゴフマン(Erving Goffman)……アメリカの社会学者。

問1 傍線部「『顔』あっての人間コミュニケーションなのである」とあるが、どういう意味か。その説明として最適なものを、次のA〜Dから一つ選べ。

A コミュニケーションを円滑に進めるためには、仲を取り持つ人の存在が重要だということ。

B コミュニケーションの輪に入るためには、いろいろな場に顔を出すことが必要だということ。

C 人間どうしが直接相手の顔を認識することによって、本当のコミュニケーションが成り立つということ。

D 自分らしさを大切にして自然に振る舞うことが、コミュニケーションを成功させるためには大切だということ。

□

問2 次の一文が入る最適な箇所を、本文中の（A）〜（E）のうちから一つ選べ。

わたしたちがほんとうに深いコミュニケーションをかわすことができるのは、そういう「体感」をともなった現実の人間どうしの対面の場だけなのだ。

□

第2章

テーマ7　引用をどう読むか

▼解答・解説　本冊p.63

問題

次の文章を読み、あとの問いに答えよ。

やや難　15分　國學院大・改

1 日本の地域社会は、この四〇年間に、歴史的ともいえる変貌を経験してきた。村の人々が歩き慣らすことで自然にできた田圃のあぜ道や農道、森の小径《こみち》などはすっかり消滅し、車の往来に便利なアスファルトが敷かれるようになる。ボルノー*も言うように、都市化の進行とともに、地域の「小径は、道路に変わった」のである。

2 しかし、それは、ただ単に踏み慣らされた自然の道が、人工的な道路に変わることだけを意味しているのではない。重要なことは、「小径」が「道路」に変わることによって、どんな地域の農道さえもが、全国を縦横にめぐる道路交通網の一部に組み込まれてしまったことである。これによって、「道」の持つ意味とその風景さえもが大きく様変わりした。地域住民の生活に密着し、地域の子どもの遊び場ですらあった「小径」は、地域との一体感を失い、グローバルな交通網の一部となったのである。

3 ボルノーは、こうした「道路」の出現による地域の風景の均質化を指摘している。「道路網は、ますます増大していく自律性を獲得し、家屋という自然的中心のまわりに分節化されている空間とは別の独自の空間を作り出した」。これによって「道路による地域の均質化」が引き起こされる。道路網が整備されていく過程で、地域そのものも「特別の地位と個性を喪失する」ようになる。大人と子どもが共に働き、遊び、集い、住まう共同体としての地域はますます解体の一途をたどり、地域は、単に人が点在し、忙しく移動するだけの空間に様変わりした。それが、地域の均質化をもたらした原因である。

4 ボルノーのいう「地域の均質化」は、具体的には地域の「郊外化」として姿を現す。それまでは、田圃のあぜ道や農道であった道はすっかり舗装されて、市道や県道に変わる。その両側には、広い駐車場を保有するスーパーマーケット、コンビニ、ファストフード店、ガソリンスタンド、レンタルビデオ店などが立ち並ぶ。「小径」が「道路」に変わったこと。それは、それまでは多様な顔をもち愛称や固有名で呼ばれていた小径が、自動車の走行のための単なる路線に変わったことを意味する。小径に固有の顔の喪失は、地域の顔の喪失であり、それは、当然、大人の共同生活を分断するばかりでなく、子どもの生活世界の孤立化を招く要因の一つとなった。

5 まだ社会化されず、制度化されていない子どもの世界体験は、基本的に生命系（自然性）の自己運動の中にある。子どもは、主客未分の混沌状態を含む生命の自己運動において、自然、他者、事物とかかわる。こうしたカオスを含む自己運動のもとに自然を体験し、他者を体験することの重要な特徴の一つは、その体験が秩序づけられた文化や制度に吸収されることなく、むしろその硬直化した秩序を突破する可能性を含む点にある。つねに運動、生成の途上にある生命系が、硬直化した制度や秩序を揺るがすのである。大人から見て、子どもが「他者」や「異文化」として立ち現れるのは、子どもの自己運動の根源に潜む生命エネルギーの横溢《おういつ》するカオスに由来すると考えられる。

6 混沌とした生命系そのものである子どもが「体験する空間」は、決して一義的に整序されたものではない。四面の壁が白で塗り尽くされた病院の個室のような部屋は、清潔であるどころか、子どもにとっては不安と苛立《いらだ》ちを呼び起こす場所である。そこには混沌、無秩序、リズム、運動、一言でいえば子どもの身体が「住み込む」場所がないからである。

7 子どもが「体験する空間」は、道具箱やおもちゃが無秩序に散在する部屋であり、仲間と悪だくみをする秘密のアジトであり、大人の〈教育的まなざし〉をすり抜ける隠れ家（アジール）である。そこには、自分たちだけのトポス*がある。自分たちが自在に手を加える可能性に満ち満ちた原野が限りなく広がっている。それは混沌、カオス、偶然性、即興性など、何が起こるか分からない期待とスリルとが複雑に入り混じった空間である。

8 それは、例えば下町の細く入り組んだ路地裏であり、祭りの日に神社の参道に軒を並べる屋台のすき間であり、樹木がうっそうと茂った薄暗い神社の境内である。そこは、何かの練習や準備のための場所ではない。冒険心がくすぐられ、胸をドキドキさせながら探検する空間である。その瞬間瞬間を存分に生きられる場所である。子どもという生命系は、こうした場所で、様々な他者、異世界と出会い、不可思議な体験をくぐり抜けることで、生命の自己運動を活発化させる。「生きられる時間」と同様に「生きられる空間」があるとするならば、それは、今述べたような空間の中に出現するはずである。*ミンコフスキーは、こう述べている。

「ここでいう生きられる空間とは、時間を自己の流儀で型にはめながら、これを解剖し、不動化するような真似はせず、反対に、時間のうちに含まれ、それによって最高度に生気づけられ、そのうちにある動的でダイナミックなものすべてによって充足されるところの空間である」。

9 子どもが「大人になる」ということは、こうした生命系の自己運動が、制度や共同性にすっかり取り込まれることを意味してはいない。たしかに青年期になれば制度化、共同性は無言のうちに要求されるが、しかし、それでも混沌とした流動に身を委ねる生命系は生き続けるし、大人になってもその運動は決して絶えることがない。

10 そう考えるならば、子どもが「生きられる空間」とは、「小径」が「道路」に変わり、トポスの顔が喪失するような均質空間ではないことは明らかである。そこでは、機能性、便利、ムダの排除という制度化のシステムだけが支配して、子どもが「生きられる空間」、つまり生命系としての子どもへの配慮が全く見られないからである。

11 イ子どもという存在は、生命系としての人間の原初的形態だといっても過言ではない。子どもが「生きられる都市空間」では、路地裏、迷路、隠れ家、避難所などの起伏に富み、生命の自己運動が活発に行われるトポスを沢山含み込むことが必要である。しかも、すでに述べたように、生命系の自己運動は、自然、他者、事物との活発な相互交渉の中で行われるものであるとするならば、そこでは、多種多様な「他者」と多様な「物語」が混在し、応答性に富んだ場所であることも必要である。

（高橋勝『経験のメタモルフォーゼ〈自己変成〉の教育人間学』による）

注釈

*ボルノー……ドイツの教育哲学者。

*トポス……ギリシア語で「場所」を意味する語。

*ミンコフスキー……ロシアで生まれフランスで活躍した医学者・精神科医。

問1 傍線部アの説明として最もふさわしいものを、次のA～Dのうちから一つ選べ。

A 「小径」が「道路」となり、お金を必要とする店などが増え、子どもだけでいられる場所ではなくなったこと
B 道路網の整備によって人々の目が都市へと向き、地域が子どもの生活世界として機能しなくなったこと
C あぜ道や農道が市道や県道として生まれ変わり、それまでの呼び名にそぐわない新たな空間となったこと
D 多様な顔を持っていた「小径」が道路交通網に組み込まれてしまい、共同体としての地域から個性が奪われたこと

問2 傍線部イの説明として最もふさわしいものを、次のA～Dのうちから一つ選べ。

A 生命系としての人間のあるべき理想像は子どもにも見出せるという考え方は、言い過ぎではないということ
B 大人になると喪失する生命系の自己運動を、子どもは自身のうちに宿しているというべきであるということ
C 制度化されていない子どもは、生命系としての本来の有り様を表すといってもいいのかもしれないということ
D 子どもこそが元来の人間の有り方を指し示しているという仮説は、間違っているとまではいえないということ

テーマ 8 比喩をどう読むか

▼解答・解説　本冊 p.73

問題

次の文章を読み、あとの問いに答えよ。

やや難　15分　学習院大・改

❶ 人間の歴史を異なる倍率の拡大鏡で見るとしよう。歴史の全体を視野に収めるような低倍率のレンズなら、そこに見えるのは火の獲得とか農耕の開始とか、民族の大移動とか、エルサレムやローマのような長い歴史をもつ都市のあり続ける様が見えるだろう。倍率をあげていくと国家の成立なども見えてくるかもしれないが、王朝の交代や王の代替わりは、もっと倍率をあげないと見えてこない。ましてや、ある戦争の開始から終結までの細かいプロセスなど、もっとずっと倍率をあげないことには見えてこない。ただし、高倍率のレンズで見るときには、低倍率のレンズでは見えていた歴史の巨視的な変化は背景化して見えなくなる。

❷ だがそれは、単に歴史を観《み》る眼《め》の倍率の問題ではない。そうした時間の尺度をとったときに見えてくる、ア変動の異なるペースをもつ複数の層が社会にはあるということだ。そこには長期的に変化する層、言い換えれば短期的には変動しない／しにくい安定した様相を見せる層もあれば、ごく短期的に変動してゆく層もあり、それらの間に様々なペースで変化してゆく層がある。重さの違う液体や粒子が積み重なった流れのように、軽い表層はさらさらと速く流れ、その下のより重い層はもっとゆっくり流れ、底に近い部分はほとんど静止してみえるようにごくゆっくりとしか動かない。そんな異なる変動のペースと安定性をもった流れの諸層の積み重なりとして、社会は存在しているのだと考えてみよう。

3 見田宗介*はこうした社会の流れの積み重なりを、「流れ」ではなく「積み重なり」の方に焦点を合わせて、生命としての人間を基層に、言語と道具の獲得が生み出した第二の層、農耕の成立という第一次産業革命が生み出した第三の層、工業化を可能にしたいわゆる「産業革命」である第二次産業革命によって形成された第四の層、そして情報化を生み出した第三次産業革命を通して形成されてきた第五の層からなる五層構造のモデルで捉えたうえで、それに対応する人間理解のモデルを次のように述べている。

どのように「現代的」な情報化人間もまた同時に「近代人」である。個我の意識や合理的な思考能力をもって世界と対峙《たいじ》する力、時間のパースペクティブの中で未来を見とおす力を身にそなえている。どのような「近代人」もまた特定の「文明」の人間である。ヨーロッパや中国やインドやアラブの文明圏の、幾千年にもわたって熟成されてきた言語や文化や感性によって色づけられた精神の地層をどこかに持っている。どのような「文明」の人間もまた、原初以来の「人間」という類に普遍する、言語能力と制作能力、社会感情というべき心性と能力と、これを支える身体特性を共有している。そしてどのような先端的な「現代」人間も、食べること、飲むこと、呼吸することなしには生きつづけることはできないし、生命潮流の増殖する衝動によって活性化された感受性をもって、世界を美しいものとして彩色する力をその存在の核心部に充填《じゅうてん》されている。

(『人間と社会の未来』)

4 この五層は、下のものほどゆっくりと変動し、上にいくに従ってより速く変動してゆく部分を含む。もちろん、個々の層の中にも速度の異なる部分があるし、同じ層に属すものでも地域や集団によっても変わりやすさや変動の速さは異なっている。こうした歴史の共時的な複線性について、日本民俗学の創唱者・柳田国男は次のように述べている。

前代というものは垂氷《つらら》のように、ただところどころにぶら下がってきているのではないか。たとえば松の火を燈火にしている山村は、現に今度の戦争中〔＝第二次世界大戦中〕まであった。松の火より以前は考えられないから、これは上代の生活形態だというと、それは足利時代をずっと通りこして、土地によっては昭和の世まできている。燈火の時代別などはできるものではないが、それは決して物質生活に限らず、婚姻でも氏族組織でも、ある土地はすっかり改まり、他のある土地では以前のままでいる。時代区分などはなく、ただ順序があるのみである。

(『民俗学から民族学へ』)

5 柳田のこの言葉を解説して内田隆三*は、「物や、身体や、言語の現象のなかに、いくつもの重なり、累積する時間が現れる」のであり、それは「過去の時間を持ち越して存在する大きな『現在』」なのだと言う（『柳田国男と事件の記録』）。しかもそこでは、イ「日本」と呼ばれる同じ（と見なされる）社会のなかでも、「ある土地はすっかり改まり、他のある土地では以前のままでいる」という時間差があるのだ。

（若林幹夫『社会（学）を読む』による）

注釈
*見田宗介……日本の社会学者（一九三七〜）。
*内田隆三……日本の社会学者（一九四九〜）。

問1 傍線部アに「変動の異なるペースをもつ複数の層が社会にはある」とあるが、それはどのようなことか。その説明として最も適当なものを、次のA〜Eのうちから一つ選べ。

A どんな社会の発展にも普遍的な共通性がみられるため、それを探し出すことで多くの社会に共通する変化に乏しい層をたぐり寄せ、現代においてリアルに再現できるということ。

B ある社会が複数の歴史の層を多元世界として実現することがあり、そのような特殊な状態にある社会の成員が、リズムの異なる多元世界を自由に旅することができるということ。

C どの社会に生きる人々も速さの異なる歴史の様々な段階を学ぶことができるため、その社会が経てきた今日に至るまでの経緯を、実際に経験したかのように実感できるということ。

D いろんな社会の成員には、変化の速度が異なる過去の諸層が記憶として蓄積されており、互いに語り合うことで、一つ一つの層の記憶がまざまざと蘇《よみがえ》る場合があるということ。

E それぞれの社会を構成する多様な要素には、変動の速さが違う複数の歴史の層が現在も姿をみせており、歴史に向かう態度を変えれば、それらを呼び込むことができるということ。

問2 傍線部イに「『日本』と呼ばれる同じ（と見なされる）社会のなかでも、『ある土地はすっかり改まり、他のある土地では以前のままでいる』という時間差があるのだ」とあるが、そのような「時間差」が生じるのはなぜか。その説明として最も適当なものを、次のA～Eのうちから一つ選べ。

A　同じ社会の中にある複数の歴史の層が、異なる混合状態を作り出して文化の程度に格差を生じさせるから。

B　同じ社会の中にある複数の歴史の層が、変化が速い場所と遅い場所の速度の差として現れることがあるから。

C　同じ社会の中にある複数の歴史の層が、開発や進歩の度合いの差といった単線的な時間の流れへと変換されるから。

D　同じ社会の中にある複数の歴史の層が、まったく変動しない文化と変動を求める文化の共存を認める場合があるから。

E　同じ社会の中にある複数の歴史の層が、伝統を守る地域と絶えず変化する地域の価値観の違いと対応しているから。

テーマ 9

文章全体の構造をつかむ

▼解答・解説　本冊 p.82

問題

次の文章を読み、あとの問いに答えよ。

標準　15分　高崎経済大・改

❶ 小さなこどもにとってあそびは生活そのものであって、あそぶことは生活のすべてと言っても言い過ぎではない。脳科学では8歳頃までに人間の脳の90%が完成するといわれる。その期間内にあそびによって開発される能力は5つあると考えられる。第一は「身体性」、第二は「 a (3) 」、第三は「 b (2) 」、第四は「 c (3) 」、第五は「 d (3) 」である。

❷ 小さなこどもはあそびを通して知らず知らずのうちに体力や運動能力を開発していく。それらを運動生理学から粘り強さ、巧みさ、力強さという3つの側面で評価している。速さなどの筋力等の力強さはもちろんだが、体をうまく使う技巧性という点もあそびの中で身につけていく。また粘り強さという持久力や耐久力や我慢する力も、かくれんぼや馬とび等のさまざまなあそびを通じて総合的に身につけていくことができる。そしてそれは単に身体性の開発だけでなく、困難を乗り越える力、挑戦性につながるものであると考える。

❸ 1986年に出版された、アメリカの作家ロバート・フルガムの『人生に必要な知恵はすべて幼稚園の砂場で学んだ』は、全世界でベストセラーになった。

❹ 仲良くしたり、ケンカをしたら仲直りをする方法は学校の授業で学ぶことではなく、こどもの頃に群れてあそぶことによっ

て学ぶのだということを一言で言い切ったタイトルが多くの人の共感を得た。人間関係は集団あそびの中で学ぶことができる。みんなと一緒にあそび、過ごすことの重要さは、社会性の開発という点でもきわめて大きい。

5 こどもは自然の中でのあそびで、情緒性や感受性という感性を開発していく。自然には生命があり、生と死、そして季節や時間の中での変化がある。その中で多くのこどもは美しさや悲しさを学んでいく。

6 太陽の光、水によって育まれる植物、成長する動物だけでなく、火、水や土との関係性を直感を含めて理解する。夕日の美しさに驚く、そのような感動の体験は深く、こどもの記憶に刻まれる。やさしさ、思いやりという他者に対するいたわりの気持ちも自然の中での生命の営みを通じて理解される。

7 イギリスの動物学者デズモンド・モリスは著書『人間動物園』の中で、「あそびは創造性の開発をボーナスとしてもたらす」と述べている。彼は若いチンパンジーの檻の中にイスや机を入れながら、そのあそび方を観察して、新しいあそびを発見していく様子からそのような結論を導き出した。

8 あそびは強要されるものではない。自発的なもの、自立的なものである。そのような自由な行動の中で、おもしろいあそびを発見すると、それを繰り返し、よりおもしろいあそびに進化させていく。

9 あそびにはつくることのおもしろさがある。夢中でつくり続ける。それが創造性を開発する。また想像性も開発する。想像の世界という別世界に入っていけることがこどもの特長である。ごっこあそび等はその典型だが、変身する、見立てる等、自己を想像の中に投入することができる。そのあそびが想像性と創造性を開発する。

10 小さなこどもはさまざまなあそびから新しいあそびを発見する。保育学者の塩川寿平氏はそれを「名のないあそび」と名づけている。この「名のないあそび」はこどもによってつくられた新しいあそびだ。そのあそびはこどもの創造性の開発がもたらしたものだ。

11 こどもは小さな山があれば登ろうとする。小さなトンネルがあればもぐろうとする。道の先に一本の丸太が横たわっていれば、それに飛び乗りたくなる。こどもはあそびを通して挑戦する力を養い、おもしろがり、楽しむ力を養う。自らも、また他の者と一緒にやってみようという挑戦性を開発していくと考えられる。それは〝意欲の開発〟と言っても良いと考える。

12 ア学力のような能力を認知能力といい、記憶したり、計算したりする能力を多く示す。これに対し、交渉したり、我慢したり、気遣ったりする能力を非認知能力という。

13 この非認知能力の重要性を指摘したのは、ノーベル賞を受賞したアメリカの経済学者ジェームズ・ヘックマンである。彼はペリー計画という就学前教育の研究プロジェクトで「こどもの育ちが人生にどのように影響するか」を経済学的な立場で調査し、明らかにしたが、「幼児期の高い質の保育が、きわめて重要である」という結論を出している。すなわち6歳ぐらいまでの段階で高い質の保育が与えられることにより、非認知能力が形成され、それが将来のさまざまな困難を乗り越えていく力となることを証明した。

14 非認知能力の多くは、こどもの集団あそびの中で形成されることが知られている。しかもこの重要な能力は、幼児の段階に獲得される必要があることが、多くの研究者、識者からも指摘されている。

15 学力は6歳以降の小学生、中学生、高校生の段階でも開発されるが、この非認知能力は、性格、習慣として獲得されるため、イ幼児の段階が重要である。大きくなってからでは獲得されにくいものといわれている。こどもは集団あそび、自然あそびを通して、この非認知能力を獲得していくものと考えられる。テレビやパソコン、スマホでは、こどもはこの非認知能力を高めることができない。こどもを外に出して、自然の中で、こども集団の中で遊ばせよう。

（仙田満『こどもを育む環境　蝕む環境』による）

問1 本文は内容上大きく七つの意味段落に分けることができる。このうち、2番目から7番目までの意味段落はそれぞれ第何段落から始まるか、本文に付した段落番号で答えよ。

2番目 □　3番目 □　4番目 □　5番目 □　6番目 □　7番目 □

問2 空欄 a （3）～ d （3）に入る最も適当な語を、本文からそれぞれ抜き出せ。なお、各記号の下にある括弧内の算用数字は各空欄の文字数を表している。

a □□□　b □□　c □□□　d □□□

問3 傍線部ア「気遣ったりする能力」とあるが、これとほぼ同じ内容を表す表現を本文から十四字で抜き出し、その最初の五字を書け。

問4 傍線部イ「幼児の段階が重要である」とあるが、筆者のこうした主張には論拠が二つある。その一つはヘックマンの研究であるが、もう一つの論拠となっている一文を本文から抜き出し、その最初の五字を書け。

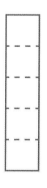

テーマ10 文中における語句の定義を把握する

▼解答・解説　本冊p.92

問題

次の文章を読み、あとの問いに答えよ。

標準　15分　神奈川大・改

1 社会というものは、そこから漏れ落ち（かけ）たときに、よく見えることがある。薄くなって初めて空気の存在に気づくように。

2 たとえば、学校や職場、就職活動などの場面で、コミュニケーションがうまくいかず、気詰まりな沈黙を招いてしまったり、周囲から浮いてしまったりすることは、そのような「漏れ落ち」経験の身近な一例である。あからさまな拒絶の反応が返ってくるわけでなくても、周囲の人びとの嘲笑を含んだ軽い驚きの表情や、受け止められも投げ返されもせずしぼんでゆく言葉が、どうにも居たたまれなくて、ぎくしゃくしてしまう自分の挙動を周囲の人びとがどう見ているかと思うとさらに居たたまれなくて、その場から消えたくなる。そうした経験は日常的なものであり、誰もが一度はそんな思いをしたことがあるのではないだろうか。

3 一方に、周囲から「あの人コミュ力高いな」と思われている人がいる。明るく親しみやすい雰囲気を放ち、人の話にテンポよく切り返し、華やいだ笑い声を上げる人。自然体でありながらその場の「空気」を壊さない、というよりも、自分が自然体で振舞える「空気」をいつの間にか作り出して、なおかつ強引さはなく「感じよく」ありつづけられる人。そんな人たちの土台には、「私はみんなに興味を持たれている」というまっとうな自信があり、それが「ナチュラルな感じのよさ」を根本から支えている。

4 他方には「コミュ障」と名指される人がいて、彼ら・彼女らには「無口で暗い、ノリの悪い、空気の読めない人」という印象が付きまとっている。「コミュ力の高い人」が持っている「ナチュラルな感じのよさ」が、「コミュ障の人」にはない。がんばって言葉を発しノリを合わせるよう努力すれば、輪に入ることはできる。だが、がんばったぶん家に帰るとどっと疲れが出てへたり込んでしまい、長く続かない。コミュニケーションをまったく楽しめていない自分に気づき、その場はうまくいったにもかかわらず、自信を喪失してしまったりする。だからといって「ナチュラル」でいると、「あの暗い人」と言われ遠ざけられてしまうのだからややこしい。

5 「コミュ障」とされる人とはいわば、コミュニケーションという道を一緒に歩いているのに、周囲の人と歩幅が違っているために、他の皆が何事もなく通り過ぎていく裂け目に足を取られてつまずき、落ち込んでしまうような人、ではないだろうか。

6 コミュニケーションの裂け目にはまり込んでしまった人は、単に「そのとき・自分が気まずい」だけではなく、ア気まずさを自分に対して可視的にすることで、「気まずい自分を見る自分」を成立させ、そのことで気まずさを増幅させてしまうようなところがある。もちろんなかには、周囲の人が「コミュ障」と名指すけれども当の本人にはまったくその自覚がない、という場合もあるだろう。だがこの言葉は「克服する」「治す」などの語とセットでしばしば使われており、「自分はコミュ障だ」と自覚して生きづらさを感じている人が多いように思う。つまりこれは「あいつコミュ障だよな」という外からの揶揄《やゆ》であると同時に、「私コミュ障だから」という内からの自虐の言葉なのだ。

7 そこには「コミュニケーションがうまくいかないこと」自体にもまして、「あの人はいま裂け目に落ちた」と周囲の人に気づかれていること、それを意識してますます言動が不自然になってしまうことがしんどい、という面がある。それは、否応《いやおう》なしに「自分が他者からどのように見られているか」を反省的に意識させられる経験であり、イ三面鏡をのぞきこんだように、「見る自分、を見る自分、を見る自分……」の連鎖が可視化されていく。

8 そして、このように自分の足下がぐにゃりとゆがみ、地面はまったく盤石ではなかったと知るとき、そのなかにすっぽりとくるまれていたあいだは意識する必要もなかった「社会」のようなものの一端が、あらわれるのだ。それは、そこからこぼれ落ちる自己にとって絶対的な異物としての「社会」である。そうした意味での「社会」の輪郭を掴《つか》みやすいのは、「コミュ力」があるとされる人よりも「コミュ障」とされる人の方だろう。

9 しかし、「社会から漏れ落ちてはじめて社会が見える」というのは一つの側面でしかない。ウ「社会から漏れ落ちている」と思っている人が、実際にはこの社会に深く根ざした存在である、ということがある。

10 くり返しになるが、「コミュ障」とされる人は単にコミュニケーションがうまくいかないのではなく、「うまくいっていない自分を他者はどう思っているか」という再帰的な視点を発生させるために余計にしんどくなっている。これはよく考えると不思議なことだ。「自分は周囲からどう見られているか」と他者の視線に配慮できるということは、その人が「社会性」を持っていることを示している。つまり、ほんとうに社会から漏れ落ちていたならば、「社会から漏れ落ちている自分」に痛みを感じることも少ないと考えられるのだ。

（貴戸理恵『「コミュ障」の社会学』による）

問1 傍線部**ア**「気まずさを自分に対して可視的にする」とは、どういうことか。その説明として最適なものを、次のA～Dのうちから一つ選べ。

A　普通の人なら気づかないようなコミュニケーションの裂け目に、自らはまり込んでしまうこと。
B　コミュニケーションの裂け目にはまり込んでしまった自分の姿を、周囲の人々の目にさらすこと。
C　周りとコミュニケーションがうまくいっていない自分という存在を、自分自身で意識してしまうこと。
D　自分が落ち込んでしまった裂け目は周囲の人にも見えているのではと考えてしまい、悪循環に陥ること。

□

問2 傍線部**イ**「三面鏡をのぞきこんだように、『見る自分、を見る自分、を見る自分……』の連鎖が可視化されていく」とは、どういうことか。その説明として最適なものを、次のA～Dのうちから一つ選べ。

A　自分という存在を自分で見ると同時に、他者からの視点も持つことができるようになること。
B　自分自身の姿をいくつもの方向から次々と見ることになり、居たたまれない気分になること。
C　自分の姿を普段の視点ではない角度で見ると次々に新たな発見があり、おどろきあきれること。
D　他人が自分のことをどう見ているかを気にしている自分を意識することが、繰り返されること。

□

問3 傍線部ウ「『社会から漏れ落ちている』と思っている人が、実際にはこの社会に深く根ざした存在である」とは、どういうことか。その説明として最適なものを、次のA～Dのうちから一つ選べ。

A　自分はいま社会から漏れ落ちたと気づいたときに、人ははじめて社会というものを認識するのだということ。

B　社会から漏れ落ちていると思っている人は、周囲の視線を気にするという社会性を持っているのだということ。

C　社会から漏れ落ちたと思っている人は、自虐的な気分を抱えながら生きていくより他に仕方がないということ。

D　社会から漏れ落ちていることに気づいた人の心の痛みは、気づいた経験のない人には理解できないということ。

テーマ 11 〈ズバリ法〉に挑戦してみよう

▼解答・解説　本冊 p.102

問題

次の文章を読み、あとの問いに答えよ。　標準　15分　北星学園大・改

1 アレントは、大衆が他の人々と公的な空間において連帯することができず、孤立した状態に追いやられたことが、全体主義的な支配を可能にする条件であったと考えるのである。民主主義は、すべての国民が政治に参加する可能性を提供するものであったが、人々が孤立に追いやられるときには、政治という活動そのものの力が信じられなくなる。この大衆の心理的な状態を特徴づける「孤立」とはどのような心のあり方なのだろうか。

2 アレントは人間が他者との結びつきをみずから断つか、あるいは人々によって断たれて、単独な「一人」になる状態を、孤独、孤絶、孤立という三つの概念で区別している。個人がアトム化*された現代の大衆社会では、誰もが単独な一者となる傾向があるが、アレントはこうした単独状態のうちでも、孤独（ソリチュード）であるということは、他者との関係を断って、自己と向きあうことと定義している。「孤独の中では実はわたしは決して一人ではない。わたしはわたし自身とともにある」のである。

3 わたしたちは他者とともにあるときには、他者の中の一人として存在しており、自分自身と向きあうことはない。他者と別れて孤独になったときに、初めてわたしたちは自己と向きあうようになる。この孤独のうちでわたしたちは、自分のうちにいる「もう一人のわたし」と向きあう。そしてわたしはこの「もう一人のわたし」とは、それがまるで他者であるかのように語りあう。

4 たとえばわたしが夜になって、その日のうちに他者に語った言葉や他者にたいして行った行為が適切なものだったかどうかを自問するとしよう。そのときわたしが自問する相手は、語り、行為したわたしそのものではなく、そのわたしの言葉や行為を眺めていて、批判する「もう一人のわたし」である。わたしたちは他者と別れて一人になって思考し、反省するときに、孤独のうちでこの「もう一人のわたし」と対話し始めるのである。

5 この対話の重要な特徴は、わたしはもはや自分の目から自分をごまかすことはできないということにある。わたしが孤独の対話のうちで向きあう「もう一人のわたし」は、そのようなごまかしを決して許すことはないのである。

6 ここにはある種の孤独の弁証法のようなものが存在している。他者に向かって何かを語り、何かを行為するとき、わたしは自分自身に向きあうことがない。そうした行為のうちでわたしは、無心に他者に話しかけ、他者と交流している。これが最初の状態である。次にわたしが他者と分かれて孤独になって、自分の言葉や行為を振り返り、反省するときに、そこに自己への批判的で否定的なまなざしが生まれる。自分がその日になした無心な行為が、ほんとうに適切なものだったか、「もう一人のわたし」が厳しく吟味し始める状態にはいる。わたしは孤独において分裂するのである。

7 ただしこの分裂した状態の対話には、それを決定する審級*がない。「わたし」と「もう一人のわたし」は、どちらも「わたし」であるために、結論を下すことはできないことがある。この対話は無限につづく可能性がある。そこに孤独の分裂性と多義性が生じる。

8 この分裂し、みずからのうちに複数のわたしを意識するわたしを、その孤独な分裂性と多義性から救いだしてくれるのは、他者との交流をふたたび始めることだけである。この新たな他者との交流においては、わたしは最初の無心の状態ではなく、「もう一人のわたし」との対話を経験し、自己の分裂を認識したわたしとなっている。この他者との交流によって、わたしは「もう一人のわたし」との対話に、ある決着をつけることができる。

9 このように、わたしが他者に語った言葉や行為が正しかったかどうかを判断することができるのは、他者に問いかけ、他者と話しあうことによってだけである。他者と向きあったわたしは、もはや多義的な自己ではなくなっている。他者だけがわたしを一義的な自己とすることができるのである。「まさにこの一者として、交換不能な存在として、一義的な存在としてわたしを認め、わたしに話しかけ、それを考慮してくれることで、わたしのアイデンティティを確認してくれる他の人々との出会いによって、わたしは孤独の分裂性と多義性から救いだされる」のである。

10 これに対して孤絶（アイソレーション）という状態は、たとえば何か文章を執筆しているような状態である。文章を書きながら、仕事をしているときには、わたしは自己と対話することも、他者と対話することもできない。「何かを学んだり、一冊の書物を読んだりするためにも、ある程度の孤絶の状態が必要です。他の人の存在から守られていることが必要になるのです」。これはわたしたちが何かに専念するときに、自分も他者も忘却している状態であり、何かを作りだすための条件となるという積極的な意味をもつことが多い単独の状態である。

11 最後の孤立（ロンリーネス）というのは、他者とのつながりを欲しているのに、それがえられず、他者から「見捨てられた状態」にあることである。他者との連帯の絆が、何らかの理由で断たれているのがこの状態である。この状態が生まれるのは、「どのような理由であれ、個人的な理由から一人の人間がこの世界から追いだされたとき、あるいはどのような理由であれ、歴史的あるいは政治的な理由から、人間がともに住んでいるこの世界が分裂し、たがいに結ばれあった人々が急に自分自身に追い返されたとき」である。そのとき、人は自己との対話も、他者との対話もすることができず、一人であることを強いられる。これはつらい状態である。たとえ多数の他者に囲まれていても、砂漠のうちで生きているような孤立感に襲われるのである。「群衆のうちで孤立していることは、孤独であることよりも辛いのはそのためです」とアレントが語るとおりである。

12 このような孤立は、いつでもどこでも生じうる「単独性」の一つのあり方にすぎない。しかし大衆社会においては、大衆は「根無し草」として、他者との結びつきを断たれているために、人々はごくたやすく、この孤立の状態に陥りがちなのである。そして全体主義体制は、人々をこのような孤立の状態に陥れることを目指していた。人々が他者と連帯し公的な空間のうちで行動しているときには、全体主義はその威力を発揮できないからである。

（中山元『アレント入門』による）

注釈
*アトム化……個人と周囲の人との関係がなくなる、あるいは少なくなること。
*審級……ここでは、どちらが正しいかを判断するより上位の観点、程度の意味で使われている。

問1　傍線部「他者の中の一人として存在」するというのは、どのような状態か。最も適当なものを、次のA～Dのうちから一つ選べ。

A　大勢いる他人の中にあって、自省することを避けている状態。
B　匿名の自己として存在し、他者との区別がつかない状態。
C　自己の行為が不適切だったとしても、あえて許す状態。
D　他者に対する言葉や行為など自分の振る舞いを顧みることのない状態。

□

問2　次の場合は、アレントの定義する「孤独」「孤絶」「孤立」のどれにあたるか。「孤独」の場合はA、「孤絶」の場合はB、「孤立」の場合はCと答えよ。

1　委員会での集まりがあった日、家に帰ってから自分の主張の是非をもう一度考えてみた。
2　友人にメールを送ったが、届いているにもかかわらず、返事が来ずに無視された。
3　試験勉強をするために、他の生徒が下校した後の教室にひとり残った。

1 □　2 □　3 □

第3章

テーマ12 〈消去法〉に挑戦してみよう

▼解答・解説　本冊 p.111

問題

次の文章を読み、あとの問いに答えよ。

標準　15分　京都産業大・改

1 経験とはたしかに、生活世界のなかで私たちがなにかの出来事に出会うことである。しかしそうはいっても、ただなにかの出来事に出会うこと、そういうかたちでなにかを行なうことが、ただちに私たち一人一人の生の全体性と結びついた経験になるのではない。極端な例だが、こういう話がある。ある奥さんが、日程のびっしりつまった団体のバス旅行で、春たけなわに、それまで行ったことのない名勝地をまわってきた。帰ってきてから、なにがその旅行でいちばん印象深かったか尋ねられたとき、その奥さんは、とっさに、紅葉がとてもきれいで……といいかけて、自分でもびっくりしたという話である。島崎敏樹氏（『心の風物誌』）の伝えている話だ。行ったところは紅葉の名所として知られたところだった。あらかじめ絵葉書で見慣れていた秋の紅葉の景色の方が、現実の春の青葉の景色よりも印象がつよかったわけである。とすると、せっかく旅行にいって、なにをしてきたのだろうか、ということになる。

2 バスに乗って名勝地まで出かけたことは確かである。現地で春の青葉の景色を見たことも事実である。しかしそれは、スケジュールどおりにただ動いたにすぎず、島崎氏もいうように、自分で、自分の軀《からだ》を使って、抵抗物をうけとめながら、動いたのではなかった。これでは、軀は全身的に働かされず、視覚はほとんど他の軀の働きと切りはなされて、現実や実在との立ち入った関係でいえば、ア本来の意味で出かけたことにも見たことにもならない。あえていえば、そこにあるのは経験ではなくて疑似経験であろう。このようにいうと、極端すぎる議論だと思われるかも知れない。もちろん集団のバス旅行がまったく無意味だというのでもなければ、そこに経験がありえないというのでもない。終始バスに乗ったままではないし、自由な行動も或《あ》る程度できるのだから。また、他の人々と二日なり三日なり同じバスに乗り、同じ旅館に泊って行動を共にすることには、別種の出来事との出会い、別種の経験が成り立ちうるであろう。しかし、このような集団旅行の場合、私たち人間の、自然や広い現実との関係は、どうしても間接的な、二次的なものになるだろう。

3 私たちがなにかの出来事に出会い、自分で、自分の軀で、抵抗物をうけとめながら振舞うとき、はじめて経験は経験になる。これはなにも、旅行にいったり景色を見たりすることにかぎらず、もっと一般的に経験についていえるところではなかろうか。また、そのことは、もう少し一般的に経験について考える手掛りになるのではなかろうか。まず、自分でというのは、他律的にあるいは受動的にではなく、自分の意志で、あるいは能動的にということである。次に、自分の軀でというのは、抽象的あるいは観念的にではなく、身を以て、身体をそなえた主体としてということである。そして最後の、抵抗物をうけとめながらというのは、環境や状況に簡単に順応して、いわば現実の上を滑っていくのではなく、現実が私たちへの反作用としてもたらす抵抗を、私たちを鍛えるための、また現実への接近のためのなによりのよすがとして、ということである。

4 この三つは、経験を経験たらしめるものとして、いずれも重要な要因である。しかしこれらは、ばらばらにあるいは並列的にあるのではない。第一の自分であるいは能動的にということは、出発点となる基本的な要因である。私たちの振舞いにまったく能動性がなければ、どんなに多くの出来事に出会っても、それらは私たちの経験にはならない。多くのことを見たり、したりしても、それだけでは経験にならない。能動性は基本的な要因である。ただ、この能動性ということを私たちの持続した生の具体性のなかで考えてみると、ことの在り様は必ずしも簡単ではない。というのは、個人の、意志にもとづく能動性、精神の能動性は、現実生活のなかでは、たえず持ちつづけることができないだけでなく、そのままでは抽象的なものにとどまるからである。必要なのは身体によって持続的に支えられた能動性である。受動的なときもあるにせよ、それを含めて持続のなかで保たれる能動性である。

5 こうして第一の自分で或いは能動的には、第二の自分の軀で或いは身体をそなえた主体としてに結びつき、いっそう具体化されることになる。身体をそなえた主体として在ることによって、私たちは受動性から免れるのではない。むしろ私たちは、受動性の刻印を帯びたパトス的、つまり情念的・受苦的な存在になるのである。能動性や主体性を脅かされやすい存在になるのである。パトス性を免れられないことによって、私たちは現実の矛盾のなかを、あちらこちらに突きあたりながら生きざるをえなくなるだろう。しかしその結果、私たちの能動性や主体性は脅かされもするが、逆にそれを試煉《しれん》とすることによってかえって強化されもするのではなかろうか。逆境のなかにあって能動性を失わずに生きつづけることができれば、それ自身すぐれて能動的であることのしるしであるといえよう。いわゆる逆境でなくとも、することなすことが思うにまかせず、また心ならずも物事を不必要にめんどうにすることも少なくないのが、私たち人間である。

6 パトス性を免れられないことによって、私たちは現実の矛盾のなかを、あちらこちらに突きあたりながら生きざるをえない。ここで矛盾とは、自己自身の内部での矛盾であるばかりでなく、自己と他の人々との矛盾であり、さらには自己と状況あるいは世界との間の矛盾である。こうして、第二の自分の軀であるいは身体をそなえた主体としては、第三の抵抗物をうけとめながらに結びつき、いっそう展開されることになる。矛盾とは私たちの行動に障碍《しょうがい》あるいは抵抗物をもたらすものであるから、矛盾のうちを生きるということは、多くの障碍にめげずに活動することである。そして、イ抵抗物あるいは障碍が現実あるいは実在への接近のためのなによりのよすがになることは、旅行にいったり景色を見たりするときにかぎらない。自己自身の内部での矛盾、自己と他の人々との矛盾、自己と状況あるいは世界との矛盾は、私たちがそのなかでたじろぐことなく生きるとき、それぞれの次元において、私たちを現実にふれさせるのだといえよう。

（中村雄二郎『哲学の現在』による）

問1 傍線部アの理由として最も適当なものを、A〜Dのうちから一つ選べ。

A 旅行の意義は自ら考えて行動することにあるので、決まった場所を集団で動いたにすぎない旅行では本当の経験をしたことにはならないから。

B 集団のバス旅行でも自由な行動ができ、楽しい時間も過ごせるのだが、思い返したときに印象に残る景色や経験がどうしても希薄になってしまうから。

C 旅行で不備がないよう準備に時間をかけすぎてしまうと、ガイドブックに紹介された観光地の景色や建物を見て回るだけで満足してしまうから。

D　仲間と相談し行き先や計画を決める過程にこそ旅行の意義があるが、他人まかせの集団旅行では旅行した実感が伴わず面白くなくなってしまうから。

問2　傍線部イとはどういうことか。最も適当なものを、A～Dのうちから一つ選べ。

A　さまざまな障碍にもめげず他者や世界との一体感を深めていけば、自己の肉体や精神の強化にもつながり、より具体的な現実へ向かうきっかけになること。

B　逆境や矛盾の中をもがきながら生きていくことは、他者や世界との関係性をより深め、理想の実現へとつながる最も有効な手段となること。

C　自己や他者、世界とのかかわりの中で生じる矛盾は、身体を備えた主体の能動性をより強化し、現実と結びつくための有効な手がかりとなること。

D　人間の持つパトス性と主体的に向かい合おうとすれば、多くの障碍に突きあたることになり、それが人をより高い次元へと導く手助けとなること。

第3章

テーマ 13 語句の知識を活用しよう

▼解答・解説　本冊 p.121

問題

次の文章を読み、あとの問いに答えよ。　標準　15分　高知工科大・改

1 生物学の成立から現在に至るまで、あるいはギリシア時代以来、生物に関する最大の謎は、その行動や身体の構造の合目的性である。一八世紀まではヨーロッパではまだまだキリスト教の創造説が主流であったので、動物の身体がかれらの習性や生活環境に対して実に適切に作られているのは、神が動物をそのようにデザインしたからだと考えられた。生物についての研究は、それをデザインした神の叡智《えいち》を明らかにしたいという動機のもとで行われていた。それで、一八世紀には『昆虫神学――昆虫に関わるすべてに神の完全無欠性が現れていることの証明』（レッサーというドイツ人が書いた）という書物が流行するなどした。

2 当時の自然哲学（自然研究）の基本的姿勢は、生物のみならず、自然現象全般を目的論的に理解しようとするものであった。目的論的な自然理解はアリストテレス*にさかのぼるが、とくに一七世紀末から一八世紀にかけては自然現象に対する目的論的説明が幅を利かせ、「太陽が創造されたのは人間を照らすためである」といったたぐいの説明が横行した。気体と温度と圧力の関係を示す「ボイル・シャルルの法則」にその名を残すロバート・ボイルなどは、「自然哲学から目的因*についての考察を追放しようとすることは信仰の欠如であり、神に対する罪である」とまで考えていたという。

3 言うまでもなくこうした目的論的な理解は、一八世紀いっぱいかかって自然研究から神学的要素が排除されていく中で否定されていくことになる。同時代のカントがすでに『判断力批判』（一七九〇年）の中で、自然についてのそうした目的論的理解

を批判している。

4 カントが言うには、人間は自分の目的のために自然物を利用するのに長《た》けている。たとえば人間は、北極圏に住むならばソリを引かせる目的でトナカイを飼い慣らし、食料とする目的や衣服にする皮を得る目的でアザラシを狩る。しかし、言うまでもなくそうした「目的」は人間にとってのものであって、利用されるトナカイやアザラシ自身にとっては外在的なものである。自然が人間のそうした利用を見越してトナカイやアザラシを用意してくれていたわけでもない。あえて北極圏のような不毛の地に住んだ人々が、たまたまそれらをそのように利用することを思いついただけである。このように、人間が自然を前にしてどのような利用目的を思いつくかは恣意的であるから、あるものの「目的」は客観的・一義的に決まるものではなく、自然についての目的論的理解は恣意的なものとならざるをえない。にもかかわらず、自然が人間の利用目的のために創造されたなどと想像することは、むしろ神に対する冒瀆《ぼうとく》である。

5 一九世紀以降、実証主義の哲学を背景とする近代科学において目的論的な説明は排除されることになり、科学は現象のメカニズムを機械論的に説明するものへと変質していった。というわけで、現代において科学者が公式の場で「太陽は人間を照らすために存在している」などと口走れば、自らの地位を危うくするであろうことは請け合いである。

6 ところが生物学においては、最新の研究においてさえ、生物は合目的的に設計された機械として語られている。DNAという物質を「遺伝子」と名づけその「機能」を論じるということからして明らかなように、分子生物学において、細胞内の分子のはたらきは、あからさまに目的論的な語彙で説明される。遺伝子制御の研究でノーベル賞を受賞したフランソワ・ジャコブは、生物学の歴史を扱った著書『生命の論理』（一九七〇年）の中で、遺伝子制御をコンピュータプログラムとの比喩で説明している。生物と情報機械との類比は、分子生物学の草創期にさかのぼる。

7 また、近年登場した「システム生物学」という言葉は、「システムエンジニアリング」との関連をうかがわせるものである。実際のところ、この言葉を広めた北野は「ナイーブである」ことをことわりつつ、生命システムを理解することを航空機という機械を理解することとの類比において語っているし（『システムバイオロジー』一四頁）、前章で取り上げたアロンの著作のタイトルにも「生物回路の設計原理」という言葉が使われているのであった（『システム生物学入門　生物回路の設計原理』）。

8 しかし言うまでもなく、生物といえども岩石や惑星と同様に自然物である。目的論的な理解は、通常は人工物についてしか妥当しない。通常は「目的」という概念は制作上の意図との関連でしか考えられないからである。一七、一八世紀に生物のみならず自然現象全般に目的論的理解がなされたのは、それらがすべて神によって意図的に制作されたというキリスト教の信仰が背景にあったからだ。神なき現代において、自然物についてあからさまに目的論的な説明枠組みを当てはめ、生物を「機械」として理解することは、物理学や化学と対比すると独特である。

9 もちろん、だからといって「生物学はいかがわしい」などと言うつもりはない。そういう形で整合的に説明できるような仕方で生命現象が推移していることも事実である。また、現代において生物学的説明に「目的」が大々的に導入されていることは、自然選択という無目的な過程によって生物の合目的性を説明するダーウィンの進化理論によって正当化されている。序章で「一八五〇年代に提唱されたダーウィンの進化理論が近年ますます重視されてきている」と述べたが、その主な理由はダーウィン進化論が生物における合目的性を説明してくれるからである。ダーウィン理論が、神による意図的な制作という信仰が果たしていた機能を引きうけているのだと言ってもよい。

10 そもそも、生物に関する最大の謎はその合目的性であり、生物学という科学分野が成立したときにその解明が期待されていたのもまたこの謎についてであるから、目的論的説明を抜きにした生物学は考えられないということなのだろう。

（山口裕之『ひとは生命をどのように理解してきたか』による）

注釈
＊アリストテレス……古代ギリシアの哲学者（前三八四～前三二二）。
＊目的因……アリストテレスの考えた概念。何のために存在するかという目的が、その事物を存在させるという考えかた。例えば、洗剤は汚れ物をきれいにするという目的のために存在する。このとき、「汚れ物をきれいにするという目的」が、洗剤の目的因である。

問1 傍線部「神による意図的な制作」とあるが、進化論において、これはどのようなメカニズムに取って代わられたか。十五字以内で本文中から抜き出せ。

問2 本文の内容と合致するものを、次のA〜Dのうちから一つ選べ。

A　一八世紀までの自然哲学は、それをデザインした神の叡智を明らかにするものだったが、一九世紀以降、自然研究から神学的要素が排除され、目的論的理解は後退していった。

B　人間はソリを引かせたり食料としたりする目的でトナカイを飼い慣らし、アザラシを狩ったが、その行為はトナカイやアザラシにとっては合目的的なものである。

C　「システム生物学」という言葉は、「ナイーブである」とのことわりのとおり、生命システムを理解し、人間性を肯定する言葉のようには思われない。

D　科学的精神の否定と見なされる目的論的説明が現代科学においてなされるのは、その対象が目的論的に破綻なく説明できてしまうことも一つの理由である。

テーマ14 傍線部・空欄を含む〈まとまり〉を分析しよう

▼解答・解説　本冊p130

問題　次の文章を読み、あとの問いに答えよ。

標準　15分　駒澤大・改

1 人間が考えつく話の筋、物語には、何か人類共通の法則性があるのではなかろうか――。そういうことをじっさいに科学的に解き明かした学問がある。

2 旧ソヴィエト連邦時代のロシアに、ウラジーミル・プロップ（1895―1970）という民話研究家がいた。彼はロシアに伝わる古い民話や魔法昔話のストーリーを研究するうちに、いくつもの要素がストーリーを構成していることに気づいた。具体的にいうと、アファナシェフという研究者が採集したロシアの民話と魔法昔話のうち、プロップは百話を選んで分析したのだ。その結果、それらが同じ構造からなる要素の類型から成り立っているという結論に達したのである。そしてプロップは、物語を構成する要素を三十一にまで絞りこみ、それを用いた物語の分析を、1928年に『昔話の形態学』という本にまとめて出版した。たとえば「留守」「禁止」「違反」「謀略」「出立」「加害」「欠如」「仲介」「闘い」「勝利」「不当な要求」「難題」「解決」「変身」「処罰」「結婚あるいは即位」というようなプロップの名づけた物語の機能を並べていくと、たちまちいくつもの昔話や童話のストーリーを構成する要素が思い浮かぶだろう。たとえば「シンデレラ」や「白雪姫」だって、右のなかのいくつかの機能からできている。また、プロップは登場人物も、次の七つに分類している。「主人公」「ニセ主人公」「敵対者（加害者）」「贈与者」「助手」「王女（探し求められる者）とその父」「派遣者」。昔話だけでなく、現代のファンタジーやゲーム・ストーリーにも、そのまま当てはまりそうだ。

3 しかしプロップの『昔話の形態学』は、スターリンが権力を強めつつあったソ連で発禁処分となった。アヴァンギャルド芸術運動が厳しく統制されるなかで、この地味な仕事もいわばとばっちりを受けたのである。日の目を見なかったその仕事は、しかし1960年代になって「構造主義」が台頭したときに、構造分析の草分けとして世界中から注目されるようになる。

4 構造主義を樹立した大思想家の一人、フランスの文化人類学者クロード・レヴィ＝ストロース（1908―2009）は、神話の構造分析をライフワークにした。彼は言語学者ソシュール（1857―1913）やロマン・ヤコブソン（1896―1982）の築いた言語学から「構造」の概念を学び、それを神話のストーリー分析に応用したのである。

5 「構造」の概念を説明するために、いったんソシュールにさかのぼってみよう。ソシュールは人間の言語を、ある言語に共通の体系的な構造と、じっさいに個人の日常で交わされる千差万別の発話の現象に二分した。前者を「ラング」といい、後者を「パロール」という。日常生活で私たちは、役者が覚えたセリフを演じる場でもない限り、まったく同一の発話を繰り返すことは、まずない。各人がその場その場で、異なる発話をする。しかし、日本語なら日本語に共通のルールの体系が共有されているために、会話として通じるのである。つまり同じ「構造」からなることばを、互いに使用しているわけだ。その構造が「ラング」であり、現象面で個人が千差万別に交わす発話が「パロール」なのである。

6 またソシュールは言語学を、通時言語学と共時言語学に区別した。歴史的な視野で時間軸に沿って動的な変化を観察するのが「通時的 diachronic」であり、ある一定の時点における変化や差異を静的に観察することが「共時的 synchronic」である。先ほど紹介した「ラング」は、この共時言語学に属することになる。通時と共時は、時間に沿った水平軸と、同じ時間上で広がる垂直軸のようなものだ。その水平軸と垂直軸を言語の構造に当てはめると、単語を連結して文章を構成する「結合」（これは水平軸）と、同じ位置で単語を選ぶ「選択」（こちらは垂直軸）の構造になる。

7 ソシュールのこの構造概念を受け継いだヤコブソンは、たとえば失語症の患者がことばの「結合」で失敗する症例と、「選択」がうまくできない症例があることを考察している。つまり、ソシュールの考えた「通時／結合」と「共時／選択」の構造には、［　　　］があることが証明されたのである。それによって詩のような文学的表現の機能も、「結合」と「選択」のそれぞれの面から分析されていくことになった。

8 このように「構造」というものを知ると、一気に考察や探究が科学的というか、原理的になることが分かるだろう。世界中に構造主義の影響が広がったのも当然である。

9 さて、レヴィ＝ストロースは、若いころに十年間ブラジルで先住民族の現地調査に没頭した。それからヤコブソンと出会って構造の概念を学んだのちに『親族の基本構造』を発表し、構造人類学の基盤を樹立するわけだが、さらにその成果は膨大な神話研究『神話論理』となって実を結んだ。二十年がかりで書かれた全四巻の『神話論理』で紹介され分析された神話は、八百を超える。しかも南北アメリカを縦断する範囲の広さである。それらの神話はひとつひとつ見ると、まるで人を困らせる謎なぞのような、わけの分からない事件や、突拍子もない展開に満ちている。しかしレヴィ＝ストロースの根気強い考察は、それらに共通した文法というべき構造を浮かび上がらせたのである。

10 そのさいにレヴィ＝ストロースは、〈対立〉と〈変換〉を駆使している。〈対立〉は、たとえば正義と悪、火と水や空と土、若者と老人、出産と死、口と肛門、「東の王」と「西の魔女」、「わがままな姉」と「おとなしい妹」のような対立要素からなる構造である。今日の小説を含めた世の中のあらゆる物語にも、この対立の構造はいたるところに含まれている。

11 そして神話のヴァリエーションは、その基本構造をまったく逆のものにしたり、高次のものを低次にしたり、人を動物にしたり、悲劇を喜劇にしたり、さまざまに〈変換〉した結果生まれる。逆にいえば、変換の道筋を突きとめれば、一見似ても似つかぬ神話のあいだに潜んでいる同種の構造が読み解けることになる。

12 その結果、レヴィ＝ストロースは多くの南北アメリカの先住民族の神話において、文明以前の原始の状態から火や道具を用いる暮らしへの変化が、原罪のように、コンプレックスのように、あるいは滑稽なあやまちのように、象徴的に物語られていることを明らかにしたのである。数千キロも隔たり、山脈や大河や海に阻まれ、部族も言語も異なる彼らのあいだで、神話の伝承がネットワークのように相互に共有された可能性はきわめて低い。にもかかわらず同じ構造の神話が〈変換〉の魔法によって、無限といってもいい多彩さで分布しているのだ。

13 まるで無限に広い宇宙が共通の物理的な法則から成り立っているのを発見した天文学者や物理学者のような仕事を、レヴィ＝ストロースは神話を相手に行ったといってもいい。プロップが民話を対象に考察して発見した物語の構造を、レヴィ＝ストロースは神話という人類規模の文化の構造にまで拡大したのである。

（清水良典『あらゆる小説は模倣である。』による）

問1　空欄に入る最も適当な表現を、次のA～Dのうちから一つ選べ。

A　人間科学的な普遍性　B　自然科学的な恣意性　C　言語学的な倫理性　D　医学的な特殊性

問2　傍線部に「レヴィ＝ストロースは神話という人類規模の文化の構造にまで拡大した」とあるが、レヴィ＝ストロースが明らかにした事柄として最も適当なものを、次のA～Dのうちから一つ選べ。

A　正義と悪、若者と老人、出産と死といった対立要素からなる構造が、すべての神話において悲劇的に物語られている。
B　人間を動物に、悲劇を喜劇に、といった変換の道筋を発見することが、多くの神話に共有されている主題である。
C　南北アメリカの先住民族の神話では、原始の状態から文明生活への進化の過程が、写実的に描き出されている。
D　部族間で神話の伝承が共有された可能性は低いにもかかわらず、多くの南北アメリカの神話には同じ構造が見られる。

テーマ 15 筆者の主張を理解する――最も大切な「解き方」

▼解答・解説 本冊 p.140

問題

次の文章を読み、あとの問いに答えよ。

やや難 15分 明治大・改

1 一九四五年三月一〇日に、米軍のB29はおよそ二時間半にわたって東京を爆撃した。焼夷弾《しょういだん》による波状絨毯《じゅうたん》爆撃。抵抗はほとんどなく、東京の半分は焼きつくされて廃墟《はいきょ》と化した。市民の死者は八万人以上、負傷者は四万人を超え、非武装の市民の犠牲は、その五ヵ月後ヒロシマの被害に匹敵する。

2 私は何をしていたか。東京の大学の附属病院で内科の医者として働いていた。運よく病院は焼けなかったが、隣接する上野、神田、浅草などの地区は火の海となり、家を失い、家族にはぐれ、火傷《やけど》に苦しみながらもかろうじて脱出した多数の人々が病院に集まって来た。しかし、病院の寝台は少なく、病室はせまく、患者は廊下にまで溢《あふ》れた。しかも薬剤は不足し、輸血用の血液をもとめることはできない。そして何よりも人手が足らなかった。それほど多くの患者の手あてに応じるためには医者も足りず、看護婦も足りない。われわれはみんな昼夜をおかず働きつづけた。そうして疲れきった時に、二、三時間だけ眠るという日が一週間も十日も続いたのである。私は今でも、床に寝ている患者をまたいで走るように廊下を歩いたことを思い出す。その時私の念頭には少しでも早く目標とする病人のところへ行くことの他に、どういう想念も感情もなかった。私にできることは何であったか。一人の男の激しい痛みを、――もし心臓の状態がよく十分な血圧があれば、鎮痛剤を用いて軽くすることであった。

3 戦争も、爆撃も、火傷さえも、与件であって、変えることはできない。私は私にできることをするのに忙しくて、できないことについて理解を深めたり感傷的になったりする心理的または心身的な余裕はなかった。それが東京大空襲についての私の□体験である。「反戦」というような考えが出て来たのは、それ以前、またはそれ以後のことだ。

4 それは私だけではなく、歴史的事件に何らかの意味で参加した多くの当事者がその事との係《かか》わりで体験した普遍的なことであろう。事件の大きさにくらべて事件との接点はきわめて小さい。東京大空襲は歴史的事件であり、その原因も、経過も、結果も、証言され、叙述され、分析されている。しかしそういうことを私が知ったのは、何年も後になってからである。私が直接知っていたのは爆撃直後の病院の内側でのことだけだ。その狭い空間の中で、私は事件の全体を理解しようとしていたのではなく、観察しようとさえしていなかった。

5 そうではなくて、事件の被害者の小さな部分、われわれの眼の前に居た数百人の市民にたとえわずかでも医療を行っていたにすぎない。爆撃という事件の当事者は、加害者と被害者である。被害者に働きかける医者も小さな当事者である。当事者は行動し、観察者は行動しない。私はその時、東京市民と同じ目的、——何とかして生きのびる目的を共有し、彼らと共に当事者として全力を傾けて行動していたのである。

6 一九三七年末「南京陥落」を祝う提灯《ちょうちん》行列に私は参加しなかった。四一年一二月「真珠湾の攻撃」を歓迎することもなかった。四五年九月には「ヒロシマ」へ行ったが、その主要目的も観察と調査であって死者を弔うためではなかった。私は歴史的大事件の真ん中へとび込まず、ある距離を置いて事件に対そうとした。そのために同胞市民との距離は次第に開いた。その距離がほとんど完全に消え、私自身が全く市民の一人になったのは、あの三月一〇日とその後に続く数週間のことである。しかし時が経つにつれて、そのことを次第に鋭く意識するようになり、同時にその意識が私だけのものではなかったということをも発見するようになった。

7 例えば堀田善衞《ほったよしえ》は、目黒の友人宅から深川の知人宅に向かって焼け野原を徒歩で横断した。そして偶然「焦土を臠はせ給ふ」（当時の新聞の見出し、今制限漢字には含まれないだろう一字*はミソナワスと読む）天皇の車列に出会う。焼け跡を彷《さまよ》っていた臣民＝難民は、その姿に土下座して、涙を流しながら、申し訳ありません、申し訳ありません、とくり返していたという。一九七一年にそのことを思い出しながら、堀田は「無常観の政治化 politisation」（『方丈記私記』、「政治化」はサルトルの用語）を指摘していた。彼は四五年に焦土を観察し、その観察をその後二五年間深め、広い視野を開いたのである。

8 さらに二〇年が経って、遠い少年時代の残酷な体験をふり返り、『方丈記私記』の堀田の観察を思い出したのは国弘正雄《くにひろまさお》氏である（「物思わせる三月十日」、『軍縮問題資料』一九九二年四月）。国弘氏は「無常観の政治化」を「政《まつ》りごとに対する諦め」と訳して、堀田と同じように、そこに違和感を感じていた。時が経てば、事件のすじ道を変えるために行動することはできない。行動が不可能になったとき、観察の対象との距離が生じ、事件の全体を見透かす可能性が生じる。

9 しかしそれだけではない。行動（参加）と観察（認識）との間には絶つことのできない密接な関係がある。六〇年前に私は臨床医であった。臨床医の理想は、第一に診断、第二に治療であって、その逆ではない（実際には治療を先行させなければならない場合もある）。診断を誤れば適当な治療を期待することはできないからである。しかし医師の行動の目的は治療であって診断ではない。もし私が三月一〇日に焼夷弾の降る東京の真中の病院にいなかったら、あれほど強い被害者との連帯感は生じなかったろう。

10 もしその連帯感がなければ、なぜあれほど悲惨な被害者を生み出した爆撃、爆撃を必然的にした戦争、戦争の人間的・社会的・歴史的意味についての執拗《しつよう》な関心はおこらなかったろう。知識の動機は知識ではなくて、当事者としての行動が生む一種の感覚である。しかし戦争についての知識がなければ、反絨毯爆撃・反大量殺人・反戦争は、単なる感情的反発にすぎず、「この誤ちを二度とくり返さない」ための保証にはならぬだろう。堀田も、国弘氏もその関係を見事に把握していた。

（加藤周一『60年前東京の夜』による）

注釈 ＊ミソナワス……「見る」の尊敬語。ご覧になる。

問1 空欄に入る最も適当な語を、次のA～Eのうちから一つ選べ。

A 観察者　B 負傷者　C 当事者　D 市民　E 難民

問2 本文の内容と最も合致するものを、次のA～Eのうちから一つ選べ。

A 戦争という悲惨で愚かな事態を重ねないようにするためには、はじめに加害者と被害者の複雑な関係を整理分析し、そのうえで両者の犯した過ちをひとつひとつ明らかにしていくことが重要である。

B 歴史的事件に対する広く深い考察は、対象から距離をおいた観察や調査といった冷静な姿勢を通じて行われると同時に、当事者として経験した生々しい感情や切迫した行動のなかからも行われるものである。

C 「南京陥落」の提灯行列に参加せず、「真珠湾攻撃」を歓迎する人々の輪にも加わらず、その結果同胞市民との間に距離と溝が生じてしまったことは、人間や社会、歴史を考究する知識人のひとりとして悔やまれることであった。

D 天皇の責任を問わずに、敗戦の原因は自分たちの無力によるものだと自省して、焼け跡を視察する天皇を前にして涙を流しながら謝罪の言葉をくり返す民衆の姿に国民の謙虚さを感じ、彼らに堀田善衛も国弘正雄も敬意を抱いた。

E 医者として夢中で行動していたときには気がつかなかったが、時が経ち、また堀田善衛や国弘正雄の考えに接する中で、対象との係わりを一切断った観察や調査こそが歴史的大事件を考察する唯一の方法であることを知るようになった。

□